삶을 바꾸고 싶은 너에게

'나와 너, 관계'를 이해하기 위한 생활 심리학

이승애 작가

대학에서 서양화를 전공하고, 1990년부터 현재까지 30여 년간 기독교 일러스트 프리랜서로 일해 오고 있다. 대표작으로는 두란노의 〈마음을 찍는 사진사〉, 〈행복을 파는 가게〉 등 화집을 발행했고, '아가페'의 〈어린이 쉬운 성경〉에 성경 그림을 그렸으며, '생명의 말씀사'가 낸 〈평생 감사〉, 〈성경의 사람 존 워너메이커〉, 부산 수영로교회 이규현 목사의 〈그대 그대로도 좋다〉, 여의도 순복음교회 이영훈 목사의 〈감사 행복〉 등에 그림을 그렸다. 그 외 '목회와 신학', '생명의 삶' 등의 월간지에도 장기간 삽화 연재를 하였다. 또한 카카오톡 〈향기 나는 그림 세상〉이라는 닉네임으로 총 4회째 이모티콘 서비스 중이다.

삶을 바꾸고 싶은 너에게

초판 인쇄 2021년 1월 13일

초판 발행 2020년 1월 18일

저 자 임수연
펴 낸 이 김재광
펴 낸 곳 솔과학
등 록 제10-140호 1997년 2월 22일
주 소 서울특별시 마포구 독막로 295번지 302호(염리동 삼부골든타워)
전 화 02-714-8655
팩 스 02-711-4656
E-mail solkwahak@hanmail.net

ISBN 979-11-87124-79-5 (03180)

값 15,000원

삶을 바꾸고 싶은 너에게

'나와 너, 관계'를 이해하기 위한 생활 심리학

솔과학

프롤로그

최근 심리학에 대한 관심이 급증하면서 자아, 의식 혹은 내면에 관한 내용들이 다양한 측면에서 다루어지고 있다. 사실 마음의 작용은 우리의 일상에서 언제, 어디서나 일어나지만 이것을 이해한다는 것이 그리 쉽고 간단한 일은 아니다. 가족 중에 누군가가 학교를 가지 않고, 직장을 그만두고, 방문을 걸어 잠그고, 우울증 진단을 받으면 그제야 '마음'이라는 것을 짚어보게 된다. 그나마 우리가 할 수 있는 것은 '마음만 먹으면 다 이겨낼 수 있다.' '너만 힘든 게 아니다' 이런 말과 함께 잠시 쉬었다 다시 원래의 삶으로 돌아가기를 바라는 간절한 소망을 전할 뿐이다. 마음 작용에 대한 이해가 부족한 지금, 우리는 그저 남들처럼 일하고, 결혼하고 그렇게 아무 문제없이 잘 살기를 바란다는 말밖에 할 수 없는 상황이다.

최근까지 우리에게 정상의 기준은 남들처럼 무난하게 사는 것이기 때문에 마음이나 심리는 현실적으로 우선시되는 문제가 아니었다. 특히 자본주의 경제를 기반으로 한 한국 사회에서, 마음을 들여다본다는 것은 발전이 아닌 퇴행이며, 장애이며, 사치에 가까웠다. 몇 해 전, 한국인에게 특성화된 성격 검사지를 결혼정보업체에 소개한 적이 있다. '성격'이야말로 결혼에 있어 무엇보다 중요한 요인이라 생각했는데 업체들의 반응은 의외였다. 외모, 학력, 재산, 가족 배경, 직업 이런 요인들을 맞춰서 한 쌍을 맺어주기도 힘든데, 거기에 '성격' 요인까지 더하면 결혼이 성사될 확률은 더 낮아진다는 것이다. 성격 검사는 결혼에 있어 반드시 염두에 두어야 할 항목이 아니라 결혼의 성사를 방해하는 장애물인 것이다. 지금 우리가 심리나 마음을 논하는 것이 딱 이 수준이다. 배우자로 괜찮은 사람인지를 판단하는 것은 학벌과 아파트 평수와 외모이지 '성격' 따위는 아직 고려할 대상이 아니다.

직업이나 진로와 관련된 현장도 이 수준을 넘어서지는 못한다. 4차 산업혁명 시대를 맞은 우리는 사회의 모든 분야에서 혁신적인 변화들을 경험하고 있다. 어떻게 살 것인가에 대한 고차원적 문제가 아니라 말 그대로 어떤 일을 하며 살 것인가에 대한 일차적 현실 문제가 핵심 화두로 떠 오른지 이미 오래다. 그리나 우리는 여전히 나란 존재를 외면한 채 먹고 사는 일을 결정한다. 소위 괜찮은 직장을 다니고 남들처럼 살아간다면 마음쯤이야 말 그대로 마음먹기에 달린 것이다.

그럼에도 점점 마음이 힘들다는 사람들의 수는 증가하고, 사람들은 어딘가에는 있을 것만 같은 나를 찾아 나선다. 이들은 스스로 심리학을 비롯한 인문학을 공부하며 인간에 대한 이해를 넓히고, 자신의 내면적 문제를 이해하고 치유의 방법을 찾는다. 삶의 과정에서 겪는 다양한 성찰과 긍정적 마음에 귀를 기울이며, 자신을 사랑하고, 무욕의 삶을 향한 아름다운 인생을 그려본다. 그러다 보면, 마침내 무상無相의 공空을 만나 자기를 내려놓는 무아無我의 경지를 넘보기도 한다. 그러나 이 위대한 고전적 진리는 우리에게 마음의 평온과 위안을 주지만, 때로는 타인과의 단절과 개인의 고립을 더욱 가중시키며, 뫼비우스의 띠처럼 우리를 번뇌와 해탈, 행복과 불행을 무한 반복하는 상황에 가두기도 한다. 그 결과 우리는 부모든 자녀든 직장인이든 어떤 위치에 놓이든 건설적으로 투쟁하는 희망의 에너자이저가 되거나 사소함에서 행복을 찾아 모든 것을 내려놓는 부처가 되는 그 어디쯤에서 늘 고달프고 외로운 마음을 혼자서 감당하며 살고 있다.

이것이 성인들의 문제로 끝난다면 그다지 나쁠 것도 없다. 자아에 대한 의구심을 가지고 산다는 것은 개인의 균형 있는 발전을 위해 필요한 것이다. 문제는, 많은 사람이 나에 대한 방황이 끝나지 않은 상태에서 결혼을 하고 자녀를 키우며 또 다른 문제에 봉착하며 더 힘든 고통의 상황을 맞는다는 것이다. 행복하기 위해 한 선택이 최악의 불행을 만들며, 분명 그럴 의도가 없었음에도 나란 존재뿐만 아니라 나와 연결된 사람들을 괴롭게 만든다.

물론 정답은 없다. 다만 나는 지금 잘 살고 있는가? 나는 무엇을 하고 싶은가?라는 질문과 변화된 삶에 대한 갈망이 끊임없이 당신을 흔든다면, 지금 이 시대 속에서 우리들은 진정 어떤 모습으로 살고 있는가에 대해 정확히 알아볼 필요가 있다. 이것은 달리는 기관차를 멈추고, 순식간에 스쳐지나왔던 풍경이 기차의 속도를 위해 치러야 했던 대가임을 인정하고 이제부터 무엇을 주고, 무엇을 얻을 것인가는 나의 결정에 달렸다는 것을 알게 될 의식의 여행 같은 것이다. 이 의식의 여행에서 무엇을 알고, 무엇을 버리고, 무엇을 얻게 될 것인가? 다시 올라탄 기차에서 바라보는 풍경이 달라질 것인가는 그 누구도 알 수 없다.

그러나 당신이 예전과는 다른 삶을 소망한다면, 그것을 위한 새로운 정보가 필요한 것은 사실이다. 이 책은 우리들의 삶에 대한 이야기들로 구성되어 있다. 나는 당신이 이 이야기들 속에서 자신과 삶을 이해할 수 있는 단서들을 찾게 되기를 바란다. 진짜가 아닌 나를 위해, 혹은 가족이나 타인을 위해 살았다고 믿는 당신이 가장 소홀했던 것은 바로 자기 자신에 대한 이해이다. 인간인 나를 이해하는 노력이야 말로 타인에게 향했던 눈을 돌려 이제껏 돌보지 않았던 자기를 이해하고, 수용하고, 사랑하는 방법의 출발이 될 수 있을 것이다.

'나와 타인, 인간 삶에 대한 지적 탐구와 성찰'은 내면적 아픔과 갈등에 대한 최소한의 무지에서 벗어나 자신을 덜 괴롭히는 지혜를 얻기 위해 반드시 필요한 것이다. 그리고 거대한 트라우마 같은 사건보다 일상에서 별 의도 없이 주고받았던 우리의 말과 행동이 나와 타인의 마음에 상처를 내고 있다는 것을 알게 된다면, 우리의 피곤한 마음에 자리한 외로움과 분노도 줄어들 것이다. 이러한 성찰과 지혜를 통해 우리 스스로가 뿌리 깊은 나무가 되고, 샘이 깊은 물이 된다면, 어쩌면 우리가 간절히 찾던 자아의 꽃을 피우고, 행복의 열매를 맺어, 평안의 바다에 이를지도 모를 일이다.

> 뿌리 깊은 나무는 바람에 아니 흔들리고, 꽃 좋고 열매 많으니 샘이 깊은 물은 가뭄에 아니 그쳐 강물에 이르러 바다로 가나니.
>
> – 용비어천가 제2장

임수연

차례

2장 환상 속의 그대

3장 감정의 동물

4장

욕망 속의 나

5장

관계 속의 우리들

들어가기

고독한 당신

사랑을 알고 싶은 친구에게

친구야!

어느새 우리가 어른이 되어 우리 곁에는 늘 마음을 두어야 하는 아이들도 있고, 절대 내 편은 아니라는 남편도 있구나. 반백년에 가까운 세월 동안 어찌 살았는지 돌아보면 살아온 자체가 기적이고, 감사하고, 행운인 것 같은데, 또 한편으로는 늘 혼자였던 것 같아 갈수록 외로움이 사무친다는 네 말이 잊히지 않는구나.

"다들 이렇게 사는 거지, 별 수 있냐?" 온기마저 사라진

찻잔을 만지작거리다 일어서는 너의 뒷모습을 배웅하며, 오랜 너의 친구로서, 인간을 공부하는 학자로서, 역사의 한 시절을 공유하는 동료로서 나는 마음이 먹먹해져 한참을 서 있었다.

우리는 정말 이렇게 살 수밖에 없는 것일까? 사랑을 주고, 사랑을 받는 것이 이렇게도 어려운 일인가? 사랑에 대한 보증수표 같은 결혼을 하고, 가족을 만들고, 원없이 사랑을 부은 것 같은데, 내 항아리는 밑 빠진 독이었는지, 왜 부어도 부어도 채워지지 않고 이리도 공허할까? 아이들은 자라고, 고된 시절을 함께 한 전우 같은 남편도 있고, 분명 어제보다 나은 삶을 살고 있는데, 너는 왜 텅 빈 운동장 마냥 바람 지나가는 소리를 내며 늘 혼자여서 외롭다는 그리도 무서운 말을 하고 가니?

친구야, 가장 아름답고 빛나는 것이 사랑이라 믿고 그렇게 살았는데, 머리가 희끗해진 지금에서야 그것이 자신을 오롯이 내주어야 하는 희생과 인내였다는 것을 알게 되어 너는 망설여지는구나. 불현듯, 익숙했던 모든 것이 낯설고 원망스러워지는데, 아무 일도 없는 듯 계속 나아가야 하는지? 아니면 지금이라도 내어줬던 너의 마음을 찾아야 하는지? 무엇을 잃어버렸는지? 어떻게 찾아야 하는지? 너는 그것이 묻고 싶은데, 그 말조차 온전히 하지 못하고 자리를 뜨는구나.

삶의 무게쯤이야 언제든 거뜬히 떠안았던 나의 친구야,

솜처럼 가벼웠던 네 마음이 흠뻑 젖은 솜이 되어 돌아왔구나. 우리 마음도 묵은 빨래처럼 조물조물 때를 벗기고 탈탈 털어 가을 햇살과 바람에 온종일 맡기면 예전처럼 다시 보송보송 해지려나?

그런데 친구야,

인간의 마음을 부여잡고 세월을 보내고 있는 나는, 너에게 너란 존재에 대한 어려운 화두를 던질 수밖에 없구나. 이 모든 것이 너의 선택이었고, 이것을 바꿀 수 있는 것도 너뿐이라는 것을. 너의 마음이 지치고 외로운 것은 네가 너의 역사에 최선을 다했다는 것임과 동시에 안타깝게도 네가 다른 사람들의 마음은 생각하지 못했다는 것을 말할 수밖에 없어 미안하다. 너는 다른 사람들을 위해 너를 버린 것 같지만, 정작 너의 방식으로 그들을 길들이고, 그들의 마음이 아닌 너의 마음으로, 너의 세상을 만들어 왔구나. 어느 아침, 눈을 뜨고 세상을 보니 너의 몸은 늙고, 길들여진 그들에게 모든 것을 내어준 너의 마음은 텅 비어 이제서야 너의 목소리가 울리는 것이겠지.

친구야, 다들 그렇게 별 수 없이 사는 것이 아니라 각자의 삶을 살았다고 말해주고 싶었다. 저마다의 사랑을 하고, 저마다의 삶을 살면서, 사람은 누구의 일부가 아닌 자신의 삶을 만들어 온 것이다. 너만 몰랐다고, 너만 억울하다고 말하고 싶은데, 너는 목소리조차 나오지 않아 모든 이야기를 멈추고, 너만의 방을 만들어 나오지 않는구나.

한편으로 생각하면, 너를 내어준 것이 아니라 너의 세계가 그만큼 커졌다고, 네가 누군가의 일부가 되어 그들의 삶이 너의 삶이 되었고, 우리의 육체가 사라진 먼 훗날까지도 너는 그들의 기억으로, 여전히 삶의 일부로 남을 것이라고 위로할 수도 있을 것이다.

그것이 지금의 너에게 무슨 의미가 있냐고 묻는다면, 우리의 삶이 언제나 그 순간보다 그것이 지난 다음에야 비로소 그 뜻이 명확해진다는 것을 이제는 너도 알지 않냐고 대답할 수 밖에. 너의 사랑도, 외로움도 이제 저 모퉁이를 돌면 또 달라질 것이다. 그러면서 우리는 삶과 사랑의 본질에 점점 다가갈 수 있겠지. 어쩌면 영원히 해결할 수 없는 과제라 해도 미련스럽게 풀어나갈 수밖에.

주위를 돌아보면 모두 그렇게 각자의 길에 서 있을 뿐이다. 이 깊은 수렁 같은 고독의 방에서 잃어버린 너의 목소리를 찾기 위해서 너는 시간을 멈추고 너란 존재를, 네가 사랑했던 모든 것을 다시 보고 있구나. 그러면 지난 시절의 너의 선택과 삶 속에서 너의 남편이 아닌, 너의 아이들이 아닌, 너의 부모도 아닌 너를 만나게 될 것이다. 이 모든 것이 너였다는 것을 알게 된 후 너의 마음에 또 한 번의 폭풍이 휩쓸고 가겠지만, 차라리 모든 것을 쓸어버리는 것이 나을지도 모르겠구나.

나는 다만 어리석게도, 미리 알았으면 좋았을 것들을 이야기할 뿐이다. 그리고 폭풍이 지나가고 난 후 다시 싹을 틔울 씨앗이 우리 마음에 아직 남아 있다고 말해주고 싶다.

사랑, 이 얄궂은 정체여!

좋아하는 것의 강도가 세지면 즉, 아주 많이 많이 좋아하면 사랑이라고 생각하기 쉽다. 그러나 이 둘은 본질적으로 전혀 다른 속성이다. 좋아하는 것은 어려움을 동반하지 않는다. 그저 좋아하면 된다. 마치 맛있는 음식을 먹으면 기분이 절로 좋아지는 것처럼 좋아하는 것은 그 자체가 행복이다. 그러나 사랑은 내가 원하지 않는 것까지 감당해야 한다. 부모-자식의 관계를 생각해 보자. 당신은 자신의 부모가 좋은 점만 있어서 사랑하는가? 사랑스러운 짓을 하는 아이만이 부모에게 사랑을 받는가? 당연히 그렇지 않다. 이처럼 찐사랑은 내가 원하지 않는 것도 감당해야 하는 나의 노력까지 포함한다. 좋아하는 것은 외부의 요인에 의해 저절로 일어나는 감정이라면 사랑은 지극히 노력해야 하는 자기 수련이다.

사랑은 상호작용하는 것이라 늘 고통이 따른다. 이것에 대해서 법륜 스님만큼 명쾌하게 알려준 인물이 없다. "내가 산을 좋아한다고, 산아, 니는 왜 나를 안 좋아하는데? 이렇게 묻는 사람 있어요?" 좋아하는 것은 나 혼자의 일이다. 상대의 답을 요구하지 않는다. 내가 낮술을 좋아하고, 구름을 좋아하고, 걷기를 좋아하는 것은 나의 취향이다. 따라서 나의 취향 그 자체는 어떤 문제도 일으키지 않는다. 그런데 사랑은 다르다. 사랑은 취향이 공유되기를 바라고, 서로의 싫어하는 면까지 수용해야 하는 것이다. 내가 당신과 함께 낮술을 하고, 같이 구름을 보며, 걷기를 바란다면 그때부터는 문제가 되는 것이다.

그런데 지금 우리 사회는 노력없이 거저 먹는 사랑이 넘치고, 이로 인해 우리의 삶은 더욱 외로워진다. 부모를 사랑하기는 어려운데 연예인이나 스타는 사랑하기 쉽고, 남편의 고약한 습성은 받아들이기 힘든데 교양 강좌의 강사나 백 선생은 사랑스럽다. 이제 사람들은 어디서든 정해진 끝인사처럼 사랑을 말하고, 온 몸을 동원해 온갖 종류의 하트를 만든다. 사랑 고파 병에 걸려서 좋아할 만한 선더기 하나만 보여도 그냥 사랑을 해버린다.

사랑한다는 말에는 엄청나게 무거운 책임이 따르는데, 왜 사람들은 겁도 없이 사랑을 하겠다고 덤비는지 참으로 말리고 싶은 일이다. 함부로 사랑하지 못하는 나는 고객에 대한 과도한 사랑에, 상대에 대한 배려 없는 사랑에, 불특정 다수에 대한 영혼 없는 사랑에 마음이 불편하다. 이 부담스러운 사랑을 어떻게든 이해해 보려고 다음 몇 가지를 정리해 보았다.

사랑은 만병통치약이 아니다

믿음과 소망과 사랑 중에 그 중에 제일은 사랑으로 시대와 국가를 넘어 언제나 가장 소중한 가치로 각광 받았다. 연애, 결혼, 양육처럼 필연적으로 누군가의 희생이 있어야만 유지되는 관계의 결합뿐만 아니라 인간과 관련된 모든 영역에서 사랑의 힘은 종종 문제의 해결책으로 등용되어 왔다. 그 결과 현재 우리는 인류 역사상 그 어느 때보다 사랑이 넘치는 시대를 맞았다.

이로 인해 사랑이 무엇인지 누구나 알 것 같지만, 사실 사랑이야말로 가장 주관적인 것의 끝판왕이다. 따라서 사랑은 존재하는 사람의 수만큼 서로 다른 사랑이 있다고 할 수 있다. 남편이 아내에게, 부모가 자녀에게, 연예인이 팬에게, 정치인이 국민에게, 연인끼리, 친구끼리 사랑을 속삭이지만, 사랑을 주는 사람과 받는 사람 모두 서로 다른 사랑을 하고 있는 셈이다. 만약 당신이 사랑으로 괴로워하고 있다면 다음 몇 가지 사항들을 생각해 보는 것이 좋을 듯하다.

첫째, 사랑은 하나의 속성으로만 규정할 수 없는 다원적 특성을 가졌음에도 이를 하나의 절대적 가치로 오해되기 쉽다. 심리학자 로버트 스텐버그(Dr. Robert Sternberg)는 친밀감, 열정, 헌신의 세 가지 속성들이 단독 혹은 서로 결합하여 다음 일곱 개의 서로 다른 사랑을 규정하였다: 좋아함(친밀함), 열정(열병같은 사랑), 헌신(공허한 사랑), 친밀감+열정(로맨틱한 사랑), 열정+헌신(바보 사랑), 친밀함+헌신(동반자적 사랑), 친밀감+열정+헌신(완성된 사랑).

혹시 당신은 이 중에서 열정과 헌신만을 가진 바보 같은 사랑을 하면서 괴로워하고 있지 않은가?

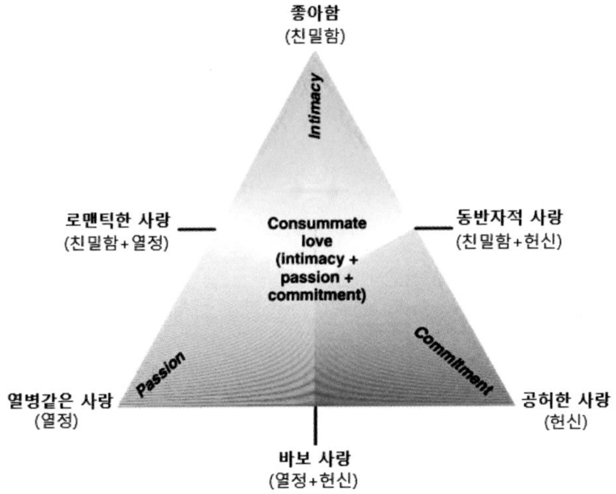

스텐버그의 사랑의 삼각 이론 (1986)

학문적 이론을 떠나 일상에서 벌어지고 있는 사랑을 생각해 보더라도, 사랑이 가진 다차원적인 속성은 의외로 쉽게 이해될 수 있다. 변함없이 늘 곁에 있어주는 것이 사랑이라 믿는 사람도 있고, 더 나은 발전을 위해 떠나주는 것이 사랑이라 생각하는 사람도 있다. 그런데 문제는 분명 저마다의 사랑법이 있고, 자신이 생각하는 이기적인 사랑을 함에도 불구하고, 사람들은 자신의 사랑을 완벽한 사랑이라 믿는다는 것이다. 내 사랑은 완전한데 사람들은 염치가 없거나 배가 불러서 고마운 줄 모르는 것이다. 그러나 열정과 헌신만으로 자식을 위하는 어머니의 사랑은 부담스럽고, 헌신없는 로맨틱한 사랑을 원하는 사람들에게 시댁과 처가가 포함된 현실의 결혼 생활은 불합리한 제도일 뿐이다.

둘째, 사람들은 사랑이 있으면 모든 문제가 다 해결되는 줄 안다. 사랑이라는 것은 분명 존재하지만 하나로 규정할 수 없는 복잡한 감정을 표현한 지극히 추상적이고 불분명한 언어이다. 이러한 속성으로 인해 가끔은 무분별하게 모든 문제를 해결하는 만병통치약처럼 쓰이기도 한다. 집에서는 손 하나 까딱하지 않는 재수 없는 남편을 견딜 수 없는 아내가 도저히 못 살겠다고 해도 "여보, 사랑한다." 이 한 마디면 된다고 믿는다. 절대 그렇지 않다. 이때는 사랑이 필요한 것이 아니라 자신의 마음과 생각을 정확하게 전달하고, 상대의 말을 귀담아 듣고 소통하려는 노력이 필요하다. 불만이 만빵인 사랑하는 고객님은 사랑이 고픈 게 아니라 문제를 해결할 수 있는 사람과의 통화를 원하는 것이다.

제발 그놈의 사랑 타령은 개나 줘 버리기를 바란다는 마음이 솟구치는 심리학자로서 사랑 고파 병에 걸린 사람들에게 주는 팁은 그냥 하고 싶은 말을 정확하게 하라는 것이다. 사랑이 해결하는 것이 아니라 구체적이고 정확한 언어와 행동이 문제를 해결할 수 있다. 국제결혼을 한 유럽이나 아메리카의 남성이 한국인 아내에게 가장 이해하기 힘든 것이 아내가 말을 하지 않고 화만 낸다는 것이다. 말하지 않아도 알아주는 것은 초코파이 광고 안에서만 가능한 일이다. 당신이 말을 하지 않으면 현실에서는 사랑이 아니라 오해와 이별을 준비하는 것이다.

사랑의 심리적 단계

서로 다른 두 사람이 특정한 관계를 형성할 때는 단계를 거친다. 외모나 직업, 말투를 보고 괜찮다고 생각하는 상대를 만났다고 하자. 일단 상대가 괜찮은 사람이라는 생각이 들거나 좀 더 친밀한 관계를 갖고 싶다는 내 마음이 생기면, 이때부터는 상대를 정확하게 보기보다 자신이 좋은 사람임을 보여주는 것에 최선을 다한다. 나의 좋은 점을 최대한 어필해 원하는 관계를 만드는 것은 인간의 본능이다. 그래서 사랑에 빠지면 인간이 변하는 것이다. 당신을 사랑해서가 아니라 자신을 좋은 사람으로 만들어야 하기 때문에 변하는 것이다. 결혼 전 사람들은 상대에게 더 다정하고 헌신적이며 자신도 몰랐던 열정을 보인다. 내가 얼마나 좋은 사람인지를 알리는 생존 능력의 일종이다. 그리고 놀랍게도 생각보다 많은 사람들은 배우자로 그다지 좋을 게 없는 사람을 만나면 자신의 능력으로 이들을 바꿀 수 있다고 착각하는 오만에 가까운 자비심을 가지고 있다. 이 때문에 도저히 구제불능의 인간도 결혼을 할 수 있다. 어쨌든 본능으로 타고난 생존 능력과 이 과도한 자비심의 결과로 상대방이 자신을 좋아한다고 믿게 되면, 그제서야 자신의 상대가 어떤 사람인지 본격적으로 알아가기 시작한다.

정리하자면, 상대가 대략 괜찮은 사람이다 싶으면 자신이 좋은 상대임을 알려서 일단 원하는 관계를 형성한 다음, 상대를 보는 것이다. 이때를 관습적 용어로는 콩꺼풀을 벗는 시기라고 한다. 이제는 내가 너에게 좋은 사람임을 알리는 것이 목적이 아니라 나를 위해 쓸모 있는 너를 만드는 것이 중요해진다.

이 시기를 맞으면 관계의 위기가 온다. 좋은 사람의 코스

프레는 지나고 진실의 시대를 마주하는 것이다. 내가 좋아할 만한 모습을 가진 사람이 아닌 내가 이해하고 챙겨줘야 할 모습만 가진 엉뚱한 사람을 만났다는 것을 확인하는 순간이다. 이때야말로 진짜 사랑이 필요한 시기이다. 아무리 생각해도 내가 손해인 것만 같다. 왜 진작 몰랐던가? 내가 전생에 무슨 죄가 많아 이런 인간을 만나게 됐는가? 이제와 후회를 해봐도 소용이 없다. 당신이 진짜 사랑해야 할 사람은 바로 그 사람이다. 개나 줘버렸던 사랑을 찾아올지 이대로 미련 없이 끝내야 할지 선택만이 남았다. 절충안이나 좋은 해결책이 있을 것이라는, 특히 상대가 나를 위해 바뀔 것이라는 착각은 빨리 버릴수록 당신의 정신 건강에 이롭다.

이걸 같이 살아? 말아?

이걸 같이 살아? 말아?

만약 당신이 이 고민을 하고 있다면, 그냥 살라고 말하고 싶다. 왜냐하면 당신이 변하지 않으면 어느 것도 변하지 않기 때문이다. 당신이 지금의 관계를 청산하고 새로운 사람을 만난다 해도 같은 결과에 도달할 확률이 매우 높다. 우리는 그다지 현명하지도 않고 탁월한 안목을 가진 존재도 아니다. 한 번의 경험으로 깨달음을 얻을 수는 있지만, 그것이 우리의 행동 패턴을 바꿀 정도의 영향력을 끼치지는 못한다. 오히려 같은 실수를 반복적으로 재현할 확률이 더 높다.

이것은 상대의 문제가 아닌 자신의 문제이기 때문이다. 연약하고 순진해 보이는 사람에게 눈길이 가는 당신이 막상 그런 사람과 살면서 답답해 죽을 것 같지만, 사실은 그런 모습 때문에 그를 택한 것이다. 당신이 챙겨주고 돌봐주고 싶은 마음이 많고 많은 사람 중에 그를 택하게 한 것이다. 이런 취향을 가진 당신이 바뀌지 않는다면 당신은 또 처음부터 괜찮아 보이는 사람 목록에 그런 부류의 사람을 넣고 시작할 것이다. 만약 여전히 떠올릴 수 있는 상대방의 좋은 점이 있다면 그것만 주문처럼 외우면서, 감사한 마음으로 살면 된다. 단점은 잊어버려라. 단점을 생각하면 헤어질 이유밖에 없고, 헤어지지 못하는 당신이 더 찌질해질 뿐이다.

만약 당신이 이런 고민이 아니라 상대에게 상처 주기 싫어서 못 떠나겠다고 생각한다면 그것은 지극히 이기적인 생각이다. 당신이 그렇게까지 착한 사람이었다면 처음부터 떠날 이유도 없을 것이다. 여전히 그 사람을 위한 좋은 사람으로 살면 된다. 당신은 그저 떠나고 싶은데 나쁜 사람이라는 소리를 듣지 않을 묘책을 찾는 것이다. 그러니 나 때문에 이 사람이 마음 아플거라는 가당찮은 생각일랑 버리고 떠날 이유를 상대에게 분명히 전하면 된다.

상대가 바뀌겠다고 할 때, 과연 바뀔 사람인지 아닌지 구분하는 방법을 하나 소개하겠다. 당신이 자신이 말한 것을 그대로 실천하는 사람이라면 상대는 바뀔 것이고, 당신이 말한 것과 행동을 일치시키지 않는 사람이라면 상대는 절대 바뀌지 않을 것이다. 상대가 아니라 자신의 말과 행동을 보아야 한다. 예를 들어, 당신이 "이대로 못 살겠다"를 3년 이상 주기적으로 꾸준히 말하고 있는데 여전히 살고 있다면, 당신은 10년도 50년도 그렇게 살 사람이라는 것을 상대는 잘 알기 때문에 바뀌지 않는다. 반면에 당신이 어떤 말이든 행동으로 바로 실천하는 사람이라면 상대는 즉시 당신의 요구를 들어줄 확률이 높다.

너무 극단적인 선택도 싫고 상대방이 바뀌기만 하면 좋겠다고 생각한다면, 그것은 불가능할 뿐만 아니라 심리학적으로도 좋은 방법이 아니다. 타인을 바꾸는 것보다 자신을 바꾸는 것이 천 배쯤 더 쉽고, 무엇보다 그것이 바로 자신을 위한 최고의 방법이기 때문이다.

매일 술을 마시고 들어와 부인과 아이를 때리는 끔찍한 인간이 있다. 이 남자를 갱생시키면 모든 문제가 해결될 것처럼 여겨진다. 알코올 중독센터에 입원을 시키고, 심리 치료를 받게 하고, 아버지 학교에 보내면 그로 인한 가정의 문제가 해결될 것이라고 믿고 싶을 것이다, 그러나 현실적으로 그런 사람을 교육적 프로그램에 참여하게 만드는 것도 어렵지만 어떤 갱생 프로그램도 그가 거의 일생동안 가져온 잘못된 생각과 감정, 행동을 순식간에 바꿀 수는 없다. 거기에는 엄청난 노력과 비용과 시간이 든다. 또한 이 상황에 놓인 부인과 아이 역시 생계를 포함한 경제적 지원은 물론 정신건강 회복을 위한 많은 사회적 지원들이 필요하다. 운이 좋게 그런 노력들이 이루어져 모두가 건강한 사람이 되어 문제없는 가정을 이루게 된다고 하더라도 그것은 살얼음판을 걷는 것과 같다. 중독 치료가 끝난 그가 언제 다시 술을 마시게 될지 아무도 모르는 일이며, 만약 술을 마신다면 모두가 끔찍했던 과거로 다시 돌아가 피해자와 가해자 역할을 반복하게 될 것이다.

사실, 우리는 알코올 중독자인 아버지에 주목하는 것이 아니라 어머니와 아이에 주목해야 한다. 반복되는 패턴에서 매 맞는 역할을 충실히 수행하는 부인을 자각시키고, 아이의 상처가 깊어지지 않도록 하는 것이 먼저이다. 그리고 어머니가 아이를 데리고 그 상황을 벗어날 수 있는 힘을 기르거나 방법을 배우도록 돕는 것이 현실적으로 더 현명한 해결책이다. 가해자를 위한 세상이 아니라 피해자의 고통을 줄이는 세상을 만드는 것이 사회의 진정한 목표가 되어야 한다. 인간의 마음은 통제할 수 없기 때문에 최고의 환경과 교육 속에도 쓰레기는 계속 생기게 마련이다. 세상을 무균실로 만들 수 없기 때문에 언제 피해자가 될지 모르는 상황에서 마음의 면역성을 높이는 것이 좀 더 근본적이고 효율적인 방법이다.

악인이 소멸되거나, 그들이 개과천선하는 기적을 바라지 말고, 악에 대항할 수 있는 스스로의 힘을 키워라. 현실은 당신이 바라는 대로 되는 것이 아니라 당신이 행동하는 대로 되는 것이다. 남을 통해서 원하는 삶을 가지기를 기도하지 말고 스스로의 삶을 통해 자신이 직접 이루기를 기도하라. 하늘도 스스로 돕는 자를 돕는다.

결혼, 왜 하게 되는 걸까?

그러면 우리는 왜 이렇게 어려운 사랑을 하고, 지지고 볶는 결혼을 하는 걸까? 의의로 많은 사람들은 별 생각없이 그냥 한다. 이것은 결혼이라는 관습적 의례가 우리의 삶을 여전히 지배하고 있기 때문이다. 때가 되어서 학교에 가고, 직장을 구하고, 독립을 하듯이, 때가 되면 남들이 하니까 '나도 해야 하나?'를 고민하다가 '남들도 다 하는데 뭐 큰일이야 있겠냐?' 싶어 그냥 한다. 그리고 대개는 큰일을 겪는다.

또 어떤 사람들은 자신의 원 가족이 마음에 들지 않아 자신만의 온전하고 완벽한 가족을 이루고 싶다는 환상으로 결혼을 한다. 생각없이 하는 결혼은 계속 생각없이 살면 별 문제가 없기 때문에 그럭저럭 살아갈 확률이 높다. 그러나 완벽한 가족을 꿈꾸는 결혼은 안타까운 결과에 이를 확률이 높다. 왜냐하면 튼튼하고 아름다운 가정에 대한 경험이 가장 약한 사람들이 가장 완전한 가정을 만들고 싶다는 꿈을 꾸면 보기에만 그럴 듯한 가족이 되기 싶다. 이들은 인간이 살기 어려운 인형의 집을 만들거나 자신도 모르게 자신이 살았던 과거의 집과 똑같은 집을 짓게 된다. 부모처럼 살지 않겠다고 맹세하지만, 어느 날 그들이 했던 말과 행동을 자식들에게 그대로 전승하고 있는 자신을 발견하게 되는 순간, 그 집은 바로 허물어진다. 그러나 집과 함께 자아도, 관계도 모두 허물어진다는 것을 알고 있기에 집에 대한 집착은 더욱 커지고, 집이라는 공간은 이제 숨조차 쉬기 힘들어 모두가 떠나고 싶은 곳이 된다.

사실 인정하고 싶지 않겠지만, 사랑을 하고 결혼을 하는 결정적 이유는 타인의 아픔까지 사랑해서가 아니라 자신에게 이득이 생기기 때문이다. 혼자서 일생을 산다고 생각해보라.

얼마나 지치고 피곤하겠는가? 최소한 둘이라면 그 짐이 좀 더 줄지 않을까 하는 기대가 우리로 하여금 아름다운 꿈을 꾸게 한다. 혼자서 각각 사는 것보다 둘이 한 집에서 사는 것은 경제적으로 효율적이다. 또한, 비효율적인 감정의 소비도 많지만 갈등이 없는 상황에서는 감정의 소비도 효율적이다. 공식적으로 가장 사랑받고, 인정받을 수 있는 '나'라는 안정적인 지위를 획득하기 때문에 이것이 주는 심리적 안정은 매우 크다. 사실 이것이 불합리해 보이는 결혼을 오늘날에도 가능하게 만드는 결정적 이유이다.

'나'라는 존재만으로 충분할 수 있다면 이것이야말로 심리적 유토피아이다. 그런데 현실은 '나란 존재'만으로는 충분하지 않다. 자꾸 무엇인가를 더 열심히 하고, 더 노력하고, 더 발전하고, 더 잘 살라고 한다. 절대 '지금의 나'로 만족하지 않는다. 철이 없어서든, 운명이든, 선택이든 우리가 사랑에 자꾸 빠지는 것은 그 순간 '나'를 온전하게 인정받고 수용 받는다고 믿기 때문이다. 그것이 찰나의 순간이라도 우리는 그 심리적 유토피아를 결코 잊을 수가 없다. 결국 타인과의 연합이 심리적 유토피아에 도달할 충분한 조건에 더 유리하다고 믿고 배우자를 선택하고 아이까지 낳지만, 이제 그 순간은 영원히 다시 올 것 같지 않다. 그래서 우리는 새로운 무엇이 있는 것이 아닌가? 내가 잃어버린 무엇이 있지 않은가? 또 다시 심리적 유토피아를 찾아 헤맨다.

전통적이고 관습적인 결혼 제도를 바탕으로 하는 삶의 형태는 점차 경제적, 사회적 이윤과 함께 이 심리적 이윤이라는 새로운 키워드를 중심으로 재편성되고 있다. 무혼과 만혼, 이혼과 재혼의 증가뿐만 아니라 헤어지지도 못하고, 살아도 같이 사는 게 아닌 허(虛)혼(알맹이 없이 껍데기만 남은 결혼생활)이 날로 증가하고 있다.

이는 지금 이 시대의 연애나 결혼이 지극히 주관적이고 개인적인 행복을 위한 것이 아니라, 너무나 사회적이고 현실적인 지위를 측량하는 도구로서의 기능이 강해졌기 때문에 나타나는 필연적 현상이다. 사람들은 부모님이나 주변 사람들에게 괜찮은 사람을 만나서 잘 살고 있다는 믿음을 보여주기 위해 연애를 하고, 결혼을 한다. 이제 결혼은 개인의 사회적 위상을 드러낼 하나의 스펙이 되었다. 제대로 된 연애를 하기 위해서, 사람들은 다른 사람들의 구매 욕망을 자극하는 고급

상품이 되어야 하고, 결혼은 조건을 달성한 자들을 위한 전리품이 되었다.

당신의 결혼이 영혼 없는 허혼으로 끝나고 싶지 않다면, 각자의 삶을 타인이 아닌 자신의 삶을 기준으로 다시 설계해야 한다. 그렇다고 이 말을 현재의 삶을 부정하고 새로운 삶을 살라는 뜻으로 오해하지는 말아야 한다. 모든 것을 버리라는 것이 아니라 모든 것이 버려야 할 가짜가 아닌 내가 가꾸어야 할 진짜임을 이제라도 알아차려야 한다는 것이다. 최소한 당신의 선택이 아니었다고 말하는 비겁한 태도는 없기를 바란다. 누군가를 위한 선택이든 그 역시 당신의 일부인 것이다. 어느 것도 가짜는 없다. 진짜를 옆에 두고 가짜로 의심한다면 그것이 불행이고, 가짜를 두고도 진짜로 믿으면 그것이 행운인 것이다.

만약 지금까지의 우리의 사랑이 진짜가 아닌 가짜이고 혹은 잘못된 것이라 믿는다면, 누구나 진짜를 찾아 올바르게 사랑하고 싶다는 희망을 가질 것이다. 그러나 이 희망은 잠깐의 반짝거림이고 응급처치일 뿐이다. 내가 누구인지 알지 못하는 데 어떻게 진짜인 나를 찾아 행복할 수 있겠는가? 만약 당신이 자신을 잘 알고 있다면 지난 세월의 삶을 인정할 수밖에 없을 것이다. 아이러니하게도 당신이 지금의 삶을 부정하면 할수록 당신은 자신이 누구인지 모르는 상황에 놓인 것이다.

이제 당신에게 '이 시대의 다양한 관계 속에서, 한없이 나약한 감정과 동시에 강렬한 욕망을 가지고, 인간과 삶에 대한 환상 속에서 살아가는 우리들의 현실 이야기'가 펼쳐질 것이다. 그리고 서로 다른 다섯 개의 장에서 펼쳐지는 이야기들은 모두 당신이 누구인지를 끊임없이 묻고 있다. 만약 당신이 이 이야기들 속에서 잃어버렸다 믿는 자아를 찾는다면 당신은 자신을 가둔 절대 고독에서 나와 자신과 타인을 받아들이고 사랑하게 될 것이다.

나는 이 책을 통해 "당신의 행복한 삶을 위해 무엇이 필요한가? 무엇이 옳은가?" 그것은 "오직 당신만이 안다"고 한결같이 말할 것이다. 무엇을 가지고 갈지는 바로 당신의 선택이자, 그것이 바로 당신인 것이다.

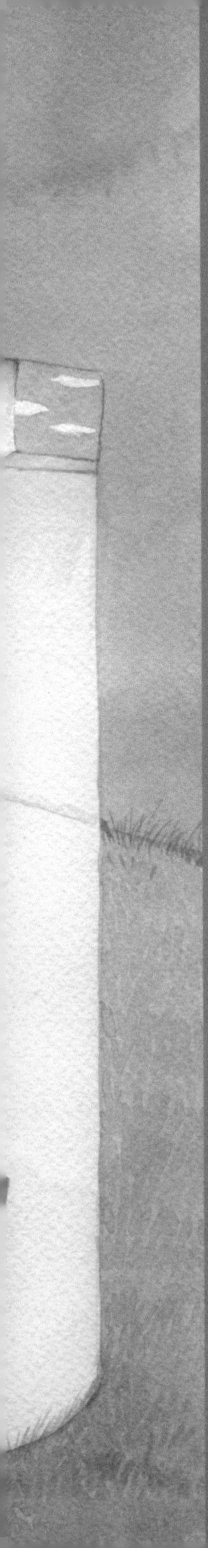

01

군중 속의 인간

좋은 사람으로 살고 싶은 당신에게

당신에게 부끄러운 고백을 하나 하지요.

동생의 결혼을 앞두고 나는 처음으로 유럽을 여행하게 되었습니다. 설레는 마음으로 여행 서적들을 읽으며 만반의 준비를 하였는데, 그때 읽었던 책 중에 이런 내용이 있었습니다. '그리스의 많은 섬을 여행할 때, 만약 당신이 돈이 없다면 가장 가까운 곳으로 배표를 끊고 목적지까지 그냥 가는 모험을 해 보는 것'에 대한 황당한 여행팁이었죠. 그리고 동생과 나는 정말로 그 황당한 조언대로 산토리니 섬을 가면서 첫 번째 목적지까지만 표를 끊었고, 가는 내내 승무원이 표 검사를 할까 봐 콩닥거리는 마음으로 배를 탔던 기억이 있습니다.

또 다른 책에는 터키나 프랑스 같은 곳에서 표를 구매할 때, 한국 사람들은 생김새가 비슷하니까 다른 사람의 국제학생증을 빌려도 현지인들은 모른다는 이야기도 적혀 있었죠. 실제로 터키에 도착한 우리는 동생에게 학생증을 빌려 달라고 하는 한국인을 만났어요. 동생은 잠깐 망설이다가 별말 없이 빌려줬는데, 잠시 후 매표소 직원이 그 학생증을 가져와 동생의 얼굴에 갖다 대면서 엄청나게 큰 소리를 지르며 화를 냈습니다. 학생증을 빌려갔던 그 여학생은 옆에서 웃기만 하더니 한마디 말도 없이 가버리더군요.

물론 지금은 의식 높은 국민성과 안전한 치안으로 전 세계에 명성을 날리고 있는 한국이지만 20년 전만해도 이런 시절이 있었지요. 동생과 내가 저지른 비행도, 낯모르는 여학생이 저지른 부정도 사실 엄청나게 부끄러운 짓인데, 이런 옳지 못한 행동을 책에서는 마치 젊은 시절 재미삼아 한 번쯤 해볼 만한 도전처럼 버젓이 실어놓을 수 있었던 그런 시절 이야기랍니다. 이 이야기를 듣고 철없던 시절 있을 수 있는 행동이었다고 생각한다면 이 이야기는 어떤가요?

호주에서 친하게 지냈던 친구 중에 70을 바라보는 나이에 대학에서 수학을 공부하는 할머니가 있었습니다. 어느 날 우리 집에 저녁을 먹으러 왔는데 차에 배터리가 방전되어서 시동이 걸리지 않는 것입니다. 보험 회사에 전화하라고 했더니, 전혀 생각지 못하게 이 친구 보험이 없다는 것입니다. 그러면서 호주의 보험 제도가 가난한 사람들을 얼마나 등쳐먹는지 열변을 토하더군요. 나는 친구들에게 전화를 해서 점프선이 있는지 물었는데 모두들 멀리 있어서 도와 줄 수가 없는 상황이었습니다. 결국 배터리를 새로 사서 교체하기로 했는데 이번에는 배터리를 빼낼 연장이 없었어요. 다행히 주유소 주인이 선뜻 자기 것을 빌려 주더군요. 비가 부슬부슬 오는 가운데 머리가 하얗게 샌 할머니는 헌 배터리를 뜯어내고 새로운 것으로 바꾸었습니다.

그런데 일을 다 끝낸 할머니 친구가 그 연장을 자기 차에 싣는 것입니다. 내가 "돌려줄 거지?" 하자, 그에게 이런 연장은 많을 것이고 자기는 없으니 자기에게 더 필요한 물건이라고 하는 것입니다. 너무나 당당하게 연장을 자기가 가져야 한다고 말하는 그 친구를 보며 나는 충격을 받았습니다. 나라면 차라리 연장을 돌려줄 것이라고 거짓말을 하고 그냥 집으로 가져갔을 것입니다. 그런데도 이 친구, 자신에게 꼭 필요한 연장이 생겨서 매우 기쁘다는 너무나 솔직한 말을 남기고 연장을 챙겨서 두 시간이나 멀리 떨어진 자기 집으로 가버렸습니다. 오히려 내가 자주 가는 주유소라 그 주인이 나를 알아보고 연장을 달라고 하면 어쩌지 하는 나의 걱정만 남겨 놓은 채 말이죠. 결국 참새 심장을 가진 나는 주유소 주인에게 사실을 말하지도 못하고, 연장값을 대신 물어주지도 못한 채, 멀리 떨어진 주유소를 다녀야만 했지요.

이제부터 저는 옳고, 좋고, 나쁜 것에 대해 조금 다른 이야기를 하려고 합니다.

당신도 알다시피 우리가 옳고 좋다고 믿는 것의 대부분은 시대적 산물이지요. 시대가 달라지면서 변화하는 가치 판단을 우리는 이미 수없이 경험했습니다. 예를 들면, 지금은 살인을 절대적 악이라고 규정하지만, 과거 특정 지역에서는 주인이 죽으면 그의 종을 산 채로 매장하는 순장을 옳다고 여긴 적도 있었지요. 이보다 더 오래 전, 먹이를 둘러싼 경쟁의 시대에서 살인은 먹이 쟁탈을 위한 생존의 일상이었습니다. 사회가 발달한 현대에 와서야 살인은 어떤 경우에도 용납될 수 없는 절대악의 영역으로 들어왔지만, 이 또한 전쟁 중인 지역에서나 토착 문화가 강한 일부 지역에서는 여전히 허용되고 있지요.

굳이 한 시대를 뛰어 넘지 않아도, 짧은 개인의 일생에서도 우리는 무엇이 옳은지, 그른지, 무엇이 좋고, 나쁜지에 대한 생각을 다시 하는 경험을 종종 합니다. 이것은 세상의 일들이 우리가 생각하는 것보다 그렇게 완전하거나 절대적이지 않고 지극히 주관적일 수 있다는 것을 끈질기게 알려주는 신호입니다. 이것이 어떻게 우리의 삶과 특히 자아 확립과 연관되는지? 옳다고 믿는 사람일수록 왜 불행해지는지 당신과 함께 그 이유를 찾아보려고 합니다.

무엇이 옳은 것인가?

다음 중 가장 옳지 못한 일을 한 사람은 누구일까요?.

① 호주에 살고 있는 가난한 유학생 A는 다운타운에서 밤 늦게까지 알바를 하고 집으로 가는 길에 차비를 아끼기 위해 20Km를 걷는 대신 승차권 없이 기차를 탔다.

② 유럽을 배낭여행 중인 대학생 B는 오르세 박물관에서 만난 한국인 대학생에게 자신의 국제 학생증을 빌려주어 할인을 받을 수 있도록 도와주었다.

③ 자신의 고장난 차를 수리하기 위하여 연장을 빌린 할

머니 C는 수리가 끝난 후 주인에게 연장을 돌려주지 않고 아들의 차를 고쳐주기 위해 자기 집으로 가져왔다.

④ 5세 이하의 아동은 무료인 식당에 간 어머니 D는 어제 생일을 맞아 여섯 살이 된 딸을 다섯 살이라고 말하였다.

⑤ 성적이 떨어져 우울한 고등학생 아들을 본 아버지 E는 노력해서 다음에 잘 보면 된다고 위로해 주었다.

당신은 이 질문에 함정이 있을 것이라 생각하고 다섯 개의 선택지를 유심히 볼 것이다. 그렇다. 여기에는 분명 심리학적 함정이 있다. 첫째, 위의 이야기들은 우리가 판단을 내릴 수 있는 모든 정보를 주고 있지 않다. 각자가 처한 상황에 대한 간략한 정보만으로 각 행위에 대한 옳고 그름을 심판할 수 있는가라는 의문을 가질 수 있다. 둘째, 이 이야기를 읽고 있는 당신이라는 사람에 대한 정보가 전혀 없다. 만약 당신이 가난한 유학생 시절을 경험했던 사람이라면 A나 B의 행동을 C나 D보다 덜 나쁘다고 생각할 확률이 높고, 아이를 키우고 있는 어머니라면 생각이 달라질 것이다.

그리고 심리학적 관점으로 본 나는 ⑤번의 아버지 E가 가장 옳지 못한 행동을 했다고 말할 것이다. 왜냐면, 다른 네 가지 경우는 어떤 결과를 맞게 되더라도 자신의 문제로 끝나지만 ⑤번의 경우는 아버지의 문제가 아니라 이를 받아들일 아들의 문제가 되기 때문이다. 아버지가 한 행동이 옳고, 좋은 일이 되는 것은 아버지의 입장이 아니라 우울한 아들이 이 문제를 어떻게 받아들이냐가 더 중요한 이슈이다. 만약 죽어라 열심히 한 아들이었다면 더 열심히 하라는 아버지의 격려야 말로 우울한 아들의 마음에 독이 될 수도 있다.

우리가 약이라 믿고 있는 것이 사실은 독이라면 어떻겠는가? 당신이 누군가를 위해 한 말과 행동이 그 사람을 삐뚤어진 세상 속에 가두고 상처 입은 연약한 사람으로 평생을 살게 한다면? 이런 무자비한 행동을 당신은 절대 그렇게 한 적이 없다고 확신한다면 다음 몇 가지 사례들을 통해 당신이 세상에 대해, 인간의 마음에 대해 얼마나 잘 알고 있는지 확인해보자.

마음을 이해하는 것과 훈육

어느 날 4호선 전철을 탔다. 네다섯 살쯤 되어 보이는 한 무리의 어린 아이들과 그들의 어머니들이 함께 서울 대공원으로 소풍을 가는 모양이다. 이 중 한 아이가 신이 나서 전철 안을 뛰어다니며 부산스럽게 굴었다. 이때 그의 어머니가 그를 붙잡고는 사람들에게 들리도록 이렇게 말했다. "저기 가만히 앉아 있는 친구 보이지? 어쩜 저렇게 얌전히 잘 있을까? 너도 저렇게 가만히 있어야 한다." 교양 있는 어머니는 큰 소리 없이 아이를 잘 타일렀고 아이는 어머니가 지목한 얌전한 아이를 뚫어지게 쳐다보았다. 오지라퍼인 나도 그 얌전하다는 아이를 돌아보니, 세 살쯤 되어 보이는 여자 아이가 엄마 무릎에 앉아 휴대폰으로 동영상을 열심히 보고 있었다.

만약 당신이 심리학 서적이나 현대 육아서를 제대로 읽었다면 절대 이 어머니처럼 하면 안 된다는 것쯤은 알 것이다. 잘못된 샘플을 좋은 예시로 알려주는 오류를 범한 것도 문제지만, 이 어머니는 자신의 아들을 제대로 이해하는 방법을 평생 터득하지 못할 확률이 높다. 더욱 큰 문제는 심리학적으로 잘못된 방법을 옳은 양육이라고 믿는 어머니는 자신의 문제 없는 아이를 문제아로 만들며 이 아이의 인생을 변화시킬 수 있는 힘을 가졌다는 것이다.

소풍에 대한 기대로 한껏 들뜬 아이의 마음을 이해하는 것과 전철 안에서의 매너를 가르치는 것은 별개의 문제이다. 아이의 마음을 이해하는 말 한마디 없이 엄마의 무릎에 앉아 휴대폰 동영상을 보는 아이와 비교하는 것은 끔찍한 양육법이다. 차라리 전철에서의 에티켓을 모르는 시끄러운 아이가, 다른 사람과 비교되면서 얌전해지는 아이보다 더 행복하게 자랄 확률이 높다. 그럼 이런 상황에서 마음의 부작용을 가장 줄이면서 지하철 탑승 매너를 알려주는 방법이 뭐냐고 굳이 묻는다면.

“아들! 지금 기분이 엄청 좋구나, 친구들과 같이 대공원에 가니까 즐겁지? 이렇게 전철도 타고, 맛있는 것도 먹고, 동물들도 볼 거니까. 엄마도 신나. 근데 전철 안에는 우리처럼 기쁜 사람도 있지만, 아프거나, 졸리거나, 힘든 사람이 있을 수도 있어. 엄마랑 가만히 둘러볼까? 아프거나, 졸리거나, 힘들어 보이는 사람들이 어디 있나? 찾았어? 그런 사람들을 위해 뛰어다니지 않고 가만히 있어주면 좋을 것 같은데, 너 생각은 어때?”

당신 생각은 어떤가? 아이를 가르치고 싶다면 당신의 생각을 주입시키지 말고, 아이가 더 나은 생각과 행동을 할 수 있도록 상황을 정확하게 이해시키는 것이 먼저이다. 다른 사람에게 폐를 끼치지 않는 아이를 만들기 위해 아이의 인격을 구겨 규범과 교양에 때려 넣지 말고, 자신의 행동을 선택할 올바른 정보를 주기를 바란다. 그것만으로 충분하다.

문제 아닌 게 문제네

어머니 K; 큰 아이가 초등학교 때부터 공부를 잘해서 걱정이 없었어요. 중학교에 가서도 한 번도 1등을 놓쳐 본 적이 없었고, 자신이 원하던 대로 서울에 있는 과학고에 무난히 입학을 했지요. 그런데 고등학생이 되고 처음으로 반에서 10등을 했어요. 큰 아이는 며칠 동안 아무 말도 안하고 힘들어하다가 공부를 더 열심히 하겠다고 다짐을 하더군요. 저도 안심을 했어요. 하지만 다음 시험에 너무 긴장을 했는지 시험을 보는데 배가 아프고 글씨도 잘 보이지 않는다 하더군요. 결국 시험을 망쳤어요. 당연히 성적은 더 나빠졌지요. 아이가 더 열심히 공부해서 다시 회복하겠다고 마음을 먹을수록 이상하게 성적이 더 뒤로 밀리는 거예요. 어떻게 하면 좋을까요?

이 경우를 보면 공부를 잘 했던 것이, 문제가 없었던 것이 무조건 좋은 것은 아닌가 보다. 내담자의 아이는 16년을 살면서 성적에 대한 실패의 경험이 한 번도 없었다. 막상 처음으로 실패했다고 느꼈을 때, 아이는 어떻게 해야 하는지 전혀 알지 못했다. 아마도 인생에서 처음 느껴보는 패배감과 무너진 자존심이 무척 낯설었을 것이다. 나보다 잘하는 사람이 많고, 내가 그 사람들보다 뒤떨어진다는 상황을 받아들이기 힘들어 어떻게 자신의 마음을 다스려야 할지 전혀 알지 못했을 것이다. 문제없이 사는 것이 좋다고 생각했는데, 아무 문제가 없었던 것이 어느 날 갑자기 문제가 된 것이다.

이 아이에게 필요했던 것은 영원한 승리가 아니라 실패의 경험을 통해 승리를 만들어가는 과정이었다. 패배가 주는 고통과 이를 극복하는 경험을 좀 더 일찍 했더라면, 지금의 상황이 이렇게 힘들지는 않았을 것이다. 이것은 부모도 마찬가지이다. 성공은 좋고 실패는 나쁘다는 생각에 갇혀 인생의 다양함이 주는 진짜 의미를 발견하지 못하는 어른들이 많다. 이런 어른일수록 아이가 실패에 대한 두려움으로 정체불명의 적과 싸우는 동안, 마음에 대한 무지로 더 열심히 공부하라고 한다. 실패에 대한 아이의 두려움은 더욱 커지고 운이 나쁘면 평생 외로운 낙오자로 살수도 있다는 것을 알지 못한 채.

이럴 때, 당신이라면 어떤 말이 아이를 위로하고 이 문제를 해결할 것이라 생각하는가? "괜찮다. 별거 아니다. 다음에 잘 하면 되지, 힘 내!" 이렇게 말해 주면 화를 내지 않은 부모보다 백 배, 천 배쯤 좋은 부모일 것 같지만, 실제 이 말을 듣고 있는 인간의 마음은 그렇지 않다. 아이는 우선 엄마가 진짜 그렇게 생각하는지 당신보다 더 잘 알고 있다. 아이의 판단을 과소평가하지 말라. 아이들은 본능적으로 상대가 가진 진짜 마음을 잘 읽는 눈을 가졌다. 그러니 함부로 진실이 아닌 말로 섣불리 위로하지 말라.

아이가 시험을 못 보고 성적이 더 떨어져도 진짜 괜찮은지 먼저 자신에게 물어라. 당신 스스로 '아이의 성적보다 건강하게, 즐겁게 사는 게 더 중요하니까 아무 문제가 없다' 기

께이 이런 대답을 한다면, "네 마음이 복잡하고 슬픈 것 같네. 그런데 엄마는 같이 슬퍼해 줄 수가 없어서 미안하다. 나는 성적이 떨어진 것은 그리 나쁜 일이 아니라고 생각하거든. 이제까지 좋은 성적을 받기 위해서 열심히 잘해 왔잖아. 그걸 아는데 어떻게 엄마가 너를 함부로 걱정하고, 슬퍼할 수 있겠니? 그리고 나쁜 성적도 받아보면 성적이 좋지 않은 친구들도 이해할 수 있고, 다음 시험을 위한 전략도 세울 수 있고, 실패를 극복하는 힘도 생기고, 나쁜 것만 있는 건 아닌 것 같아. 그런데 이걸로 네가 마음 아파서 괴로워하고 나한테 미안해하는 것 같아서 그건 많이 슬프고 걱정이 되네."

만약 당신의 내면에서 '계속 성적이 떨어지면 큰일이네.' 이런 마음이 다른 생각을 휘어잡고 있다면, "아들아, 성적이 떨어져서 마음이 아프지, 나도 마음이 아프고 걱정이다. 네가 열심히 한다고 했는데 성적이 자꾸 떨어져서 정말 걱정돼. 앞으로 더 떨어지지 않을까, 다시는 못 올라갈까 두려워. 근데 아들, 나는 두려움에 떨면서 평생을 살고 싶지는 않아. 너도 두려움에 떨면서 살고 싶지는 않지? 전화위복, 새옹지마, 고진감래. 너는 나보다 이런 말 더 잘 알지? 힘내자. 맛있는 거

먹고 전화위복이든 고진감래든 뭐든 해보면 되지 않을까? 뭐 먹고 싶냐?"

부정적인 감정들을 그냥 솔직하고 받아들이는 것을 보여주는 것이 그리 나쁜 것만은 아니다. 그런 감정이 있다는 것을 인정하지만 그것에 굴복하고 싶지 않은 내 마음이 있다는 것을 알려주는 것은 인생의 좋은 기술이다. 어떻게 싸울 것인가? 이길 것인가? 이것까지 걱정하고, 이길 방법까지 알려줄 필요는 없다. 그건 본인이 알아서 찾도록 기다려주면 된다. 이 아이가 우리 나이쯤 되어 지금의 우리처럼 공허한 마음을 가지지 않도록 하려면, 아이의 자아가 소멸되지 않도록 스스로 방법을 찾을 때까지 믿고 기다려줘야 한다. 그 과정 속에서 아이는 부족한 자신을 사랑하고 강해지는 법을 배우며 자신을 키우는 것이다. 너무 오래 걸려서, 혹은 방법을 찾지 못해서 실패할 인생을 살면 어떻게 하나? 이런 걱정을 한다면 당신은 평생 자신의 행복을 위해 주변 사람들을 달달 볶는 사람으로 살게 될 운명을 가진 사람이다. 아예 실패와 맞짱 뜰 마음을 먹고 지금보다 조금 더 대범해지는 것은 어떤가? 인간은 결코 연약하지만은 않다.

보편적 시대 진리와 개인의 특수성

나를 잘 따르던 미얀마 친구가 자신이 일하는 타이 식당의 주인에 대해 이야기 한 적이 있다. 그 사람은 태국 사람으로 호주 여성과 결혼하여 두 명의 아이를 키우고 있었지만, 사실은 동성애자였다. 나의 젊은 친구는 그의 아이들이 커서 이 사실을 안다면 얼마나 마음이 아프겠냐며, 우리 사회에서 동성연애는 반드시 없어져야 한다고 말하였다. 나는 그 친구에게 아이들을 진짜 괴롭게 하는 것이 아버지가 동성연애자라는 사실이냐? 아니면 그것을 바라보는 사회적 인식 때문이냐고 물었다. 여러분은 무엇이 진짜라고 생각하는가? 동성연애가 자연 법칙을 위반하고 종교적 가치에 어긋나기 때문에 이를 받아들이지 않건, 인간의 선택에 대한 자유를 보장하는 의미에서 이를 찬성하든 그것은 각자의 선택이다. 따라서 무엇이 더 현실에 적합한가는 판단하기 쉽지만 정작 무엇이 더 옳은가에 대한 판단은 매우 어려운 문제이다.

그러나 아이들을 진짜 괴롭게 만드는 것이 무엇인지에 대한 원인을 잘못 판단하는 일은 없어야 한다. 동성애자인 아버지의 선택 이전에 동성애를 비난하는 사람들의 시선이 아이의 마음에 상처를 낼 확률이 더 높다. 만약 대부분의 사람들이 나의 친구처럼 아버지가 아이를 힘들게 한다고 생각을 한다면, 그 생각이 바로 고통의 원인이 되는 것이다. 설혹 아이가 동성애자인 아버지로 인해 상처를 받게 되더라도 경직된 사회의 편견이 주는 고통은 받지 말아야 한다. 아이가 동성애에 관해 어떤 판단을 하고 자신의 아버지를 어떻게 대할 것인가는 순전히 아이의 몫이다. 그러나 사회적 시선이, 타인의 목소리가 아이를 상처내지 않도록 하는 것은 우리의 몫이다. 진정 아이의 마음을 걱정한다면 동성애에 대한 박멸보다 사회가 가진 통속적 사고를 점검하는 것이 우선이다.

대부분의 국가들은 공교육을 통해 각 시대마다 우선시되는 가치를 규범화하고 이에 대한 추구를 좋고 올바른 삶이라고 가르쳐 왔다. 그 결과 지극히 주관적일 수 있는 다양한 삶의 방식과 가치들조차 집단적이고 절대적인 기준으로 평가되면서, 어느새 우리들의 정신세계와 일상의 삶을 지배하게 되었다. 그리고 지금 우리가 겪고 있는 심리적 오류와 혼란을 만드는 데 일조한 바가 크다. 이로 인해 사람들이 상처를 내고도, 상처를 받고도 그것이 상처인 줄 모르는 무지 속에 살게 되면, 사랑하니까 때린다는 변태들과 나만 슬프고 억울하다는 피해망상증 환자들이 넘치게 될 것이다.

오늘날, 우리의 내면이 타인들의 의식으로 채워지고, 자아의 상실을 겪는 사람들이 늘어난 것은 문제의 원인들을 잘못 이해하는 경우와 연관이 있다. 문제의 원인을 정확하게 판단하는 것은 자아를 튼튼히 하는 좋은 방법이다. 위로와 공감의 따뜻한 마음을 갖는 것도 중요하지만 냉철한 지성을 통해 인간의 정서와 감정과 사고를 올바르게 배우기 위한 노력 또한 절실하다. 이러한 노력 중 하나가 바로 '존중의 태도'이다.

나와 다름에 대한 비난과 거부의 태도는 끊임없이 상처받는 사람들을 만들지만, 존중하는 마음은 나의 가치도 상대에 의해 빛나기 때문에 '나'를 사랑하기 쉬운 세상을 만들 수 있다. 우리가 살아왔던 세상은 의외로 인간과 개인에 대해 무지했기 때문에 타인을 이해하고 존중하는 법을 알려주지 못했다. 특히 자신을 이해하고 존중하는 방법은 더욱 등한시되어왔다. 이로 인해 오늘날 타인을 존중하고, 자신을 사랑하기가 더욱 힘든 것이다.

존중 받고자 하는 마음은 항상 외부에 있는 타인이 주체가 되지만, 존중하는 법은 언제나 자신이 주체가 되어 시작된다. 따라서 주체적이고 독립적인 삶을 사는 사람은 최소한 타인의 사고와 행동에 의해 자신을 함부로 평가하지 않는다. 자신을 사랑하는 사람은, 아무도 없다고 느껴지는 순간에도 외로움이 주는 고통보다 희망이 주는 긍정의 메시지를 쉽게 찾고, 소박한 자신의 삶을 쉽게 인정한다. 자신의 소박한 삶이 유일하고 귀하다는 것을 인정하면 당신은 이 외롭고 지겨운 삶에서 벗어나 당신과 타인의 삶을 축복으로 채울 수 있다.

좋은 다수와 나쁜 소수

사람들은 모두 각자의 취향이 있다. 이것은 누구나 인정한다. 그러나 우리가 살고 있는 현실에 있어서 진정 이것이 뜻하는 것은 "남들이 인정하는 취향을 가져라." 이런 의미쯤 된다. 현대 한국 사회에서 옳고 그름의 문제는 아직까지는 '좋은 다수와 나쁜 소수'의 문제이다. 즉 사람들이 어디에 더 많이 동조하느냐 비율의 문제인 것이다. 개를 좋아하는 사람이 80%쯤 되면, 우리 사회는 개를 좋아하지 않는 사람들이 하는 행동은 나쁜 것으로 인식되기 십다.

지극히 주관적이고 개별적인 '성격'도 이와 마찬가지이다. 외향적인 사람들이 더 많이 활약을 하는 시대에서 내성적인 사람들이 가진 속성은 고쳐야 하는 단점이 되기 쉽다. 지금의 시대적 통념은 개성보다는 풍요와 안정을 선호하는 사회 풍조를 만들며, '적극적이며, 성실하고, 타인을 배려하고, 창의적이며, 사람들과 조화를 이루고, 유머 감각이 있는, 돈 많은 능력자'에 대한 환상을 만들고 있다. 이것은 본질적으로 서로 다른 사람들을 모두 같은 목표를 가진 사람으로 만들며 다수의 낙오자를 만들기 쉽다.

지금 우리가 살고 있는 자본주의 중심의 세계는 '경쟁에서 승리하는 강한 인간'에 대한 열망이 우월하다. 경쟁은 순위를 가리기 때문에 필연적으로 상위의 소수를 제외한 다수의 대중은 패배자가 된다. 최고가 아닌 보통의 다수는 매 순간 성실하게 살면서도, 어느 순간 스스로를 열등한 패배자로 인식할 위험이 잠재된 불안한 사회구조 속에 살고 있는 것이다.

따라서 사회적 통념에 빠져 열등한 패배자가 되어 자신을 미워하지 않기 위해서 우리는 끊임없이 자신을 지키는 노력을 해야만 한다. 대중사회라는 파도 속에서 시대가 가진 오류들을 명확하게 이해하고, 자신을 굳건히 지키는 것이 쉬운 과정이 아니지만, 정신을 차리지 않으면 그 파도에 삼켜져 영원히 나오지 못하게 된다. 결국 당신의 자아는 상실되고 그 상실의 공허함을 채우기 위해 타인을 주인으로 모시게 되는 것이다. 자신을 이해하고 자아를 마주하는 것이 당신이 생각한 것만큼 두렵고 어려운 일이 아닐 수도 있다. 어쩌면 너무 쉬워서 혹은 너무 당연한 것이라 모른다고 당신은 착각할 수도 있다.

당신 잘못이 아니다

흰색을 좋아는 사람이 있는가 하면 빨간색을 좋아하는 사람이 있다. 어떤 사람이 빨간색 옷을 입었을 때, 원래 빨간 색을 좋아하는 사람은 호감도가 상승할 것이고 빨간색을 싫어하는 사람은 호감을 가지지 않을 확률이 높다. 이처럼 내가 아무리 열심히 살아도 이를 바라보는 사람들은 이미 자신들의 입장 혹은 가치관을 가지고 있기 때문에 모두가 나를 좋아할 수 없다는 것을 분명히 알아야 한다.

미나리를 좋아하는 사람은 그 특유의 향을 좋아한다. 미나리를 싫어하는 사람은 그 특유의 향을 싫어한다. 결국 미나리의 향이 문제가 아니라 이를 받아들이는 사람의 문제인 것이다. 이와 마찬가지로 우리의 삶에서 일어나는 대부분의 갈등은 내가 가진 특성의 문제이기보다는 나와 취향이 다른 타인의 태도와 입장이 만나서 생긴 결과이다. 따라서 우리는 서로 다르게 존재하는 사람들의 취향을 인정하지만 나에 대한 판단을 그들에게 함부로 맡겨서는 안 된다. 사람들이 나를 규정하는 것에 빠져 자신에 대한 결론을 성급하게 내려서는 안 된다는 말이다. 굳이 상대가 한 말에 대한 진위를 알아야 할 필요가 있다면 먼저 자신에 대한 분석과 성찰의 과정을 거치는 것이 현명하다.

어느 누구도 나를 믿어줄 의무는 없다. 그러므로 우리가 배워야 할 가장 중요한 것은 타인에 의한 평가가 아니라 자아 성찰로 자신의 가치를 인정하고 스스로를 신뢰하는 것이다. 당신은 분명 어떻게 자신을 올바르게 성찰할 수 있는지에 대해 묻고 싶을 것이다. 이에 대한 자신의 답을 찾을 수 있도록 이 책이 필요한 단서들을 제공하기를 바라지만 만약 지금 답을 찾지 못해도 그리 걱정할 일은 아니다. 언젠가 반드시 당신만의 답을 찾을 것이다.

열심히 그리고 행복하게

다행히 개성과 다양성이 과거보다 인정받는 오늘날은 보편적이고 일반적인 것과 동시에 개인의 특수성을 인정하는 사회 분위기가 만들어지고 있다. 하지만 여기에는 여전히 다음 두 가지 비극이 숨어 있어서 당분간 개인이 심리적 불행을 벗어나는 것은 쉽지 않아 보인다.

첫째, 오늘날 사람들이 인정하는 특수성과 다양성도 결국 '성공'의 가치 아래에서만 인정을 받기 쉽다는 것이다. 우리 사회는 보편적이든, 개혁적이든, 개성적이든 내가 무엇을 해도 그것이 돈이 되거나 많은 사람들에게 인정을 받는 '성공'이라는 절대적 조건을 여전히 채워야 한다. 사람들이 개성과 다양성의 존중을 받아들인 것이 아니라, 성공에 있어 과거보다 다양한 방법이 있다는 것을 인정하게 된 것 뿐이다. 당신이 어떤 유투브를 하느냐는 중요하지 않다. 사람들의 마음을 자극하든, 자신을 속이든, 뭐가 됐든 '잘 나가는 유투버'가 되는 것이 중요하다. 인정받지 못한 채 무능한 또라이가 되느냐 미래를 이끄는 선구자가 되느냐 이것을 가르는 기준은 여전히 '성공'일 뿐이다.

둘째, 인간의 행동은 사고의 결과물이지만 언제나 사고의 속도를 따라가지 못한다. 따라서 새로운 세계를 인식하였다 하더라도 과거의 습관적 말과 행동을 버리는 것은 결코 쉽지 않다. 이로 인해 오늘날 우리는 사고와 행동이 불일치하는 시대에 살게 되었다. 따라서 아무리 시대가 바뀌어도 좋은 학벌과, 안정적인 직장과, 성공한 결혼을 바탕으로 한 보편적 삶에 대한 열망은 여전히 우리의 언어와 행동을 지배한다. 사고의 전환을 맞은 사람의 수가 아무리 늘어나도 대학을 안 가거나, 돈을 많이 벌지 못하는 일을 하거나, 결혼을 하지 않거나, 아이를 낳지 않으면 여전히 문제가 있는 사람이 될 확률이 높다.

이런 관점에서 보자면 우리 사회는 성공에 대한 보편적이고 통념적인 행동의 습관에 갇혀 각 개인이 심리적 불행에서 쉽게 벗어날 수 없는 단계에 있다. 이 상황에서 사람들은 혼인의 유무가, 직업의 귀천이, 대학의 간판이 우리를 힘들게 한다고 잘못 알고 있는 것이다. 사실 우리가 심리적으로 힘이 드는 것은 사람들이 추구하는 성공에 대한 보편적 통념이 강할수록 나란 존재의 내면은 텅 빈 자아가 되기 때문이다. 안타깝게도 오늘의 우리는 어떤 삶을 살아가든 늘 외롭고 허전한 마음을 벗어나기 힘들다. 우리의 머리는 이미 새로운 사고를 장착하였는데 몸은 여전히 과거의 관습에 머물러 있기 때문에 우리의 삶은 더욱 바쁘고 더욱 고달프다. 과거에는 열심히 살기만 하면 됐는데 이제는 행복하게, 열심히 사는, 좋은 사람이 되어야 한다.

02

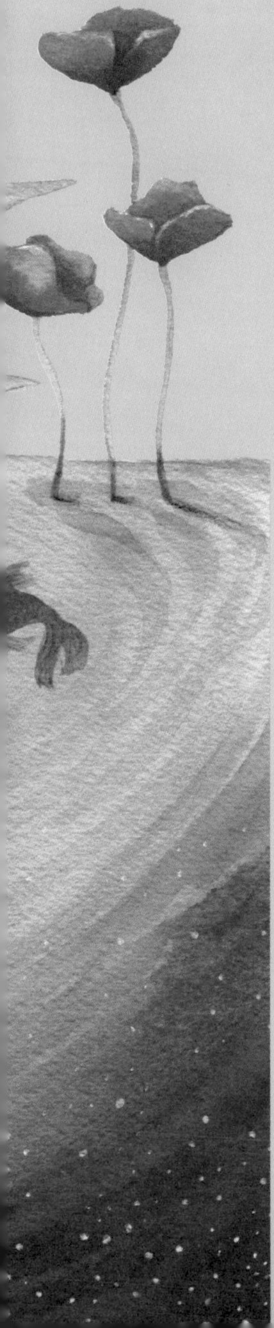

환상 속의 그대

인생이 내 뜻대로
되지 않는 청춘에게

이제는 어엿한 사회인이 되어 세상살이의 고됨을 느끼고 있을 나의 제자들아,

너희들이 세상으로 나간 지 벌써 10년이 지났구나. 지금쯤은 뜻대로 되지 않는 세상을 원망하면서 고달픈 인생에 지쳐 있지 않을까? 먼저 세상에 나온 선배로서 걱정이 된다. 오늘도 지친 일상에서 돌아온 너를 잔소리 없이 그저 품어주고 위로해 줄 사람을 찾고 있지 않을까? 이런 생각을 하니, 너희들의 해맑던 얼굴들이 더욱 그리워지는구나.

함께 했던 그 시절을 떠올리며, 아마, 너희들은 잊고 있을 것 같은 질문 하나를 던져본다. 성인이 된 너희들이 이 질문에 무엇이라 답할까를 상상하며 그리운 얼굴들을 하나하나 떠올려 보며 시간을 낚는 것도 그리 나쁘지는 않구나.

"당신이 가진 모습 있는 그대로를 인정받고 싶다면, 자신에 대해서든 타인에 대해서든 그 사람의 있는 모습 그대로를 수용하라고 말하는데, 이것이 정말 가능한 것일까? 만약 서른이 넘었는데 직업도 없고, 꿈도 없고, 연애도 못하는 사람이 그런 자신의 모습을 스스로 받아들이고 사랑하는 것이 정말 가능한 일인가? 아니, 진짜 그래도 되는 일인가?"

먼저, 그대로 수용하고, 그대로를 사랑한다는 것에 대해 조금 정리할 필요가 있겠지. 다행히 어린 아이들을 통해 있는 그대로를 수용하고, 사랑하는 것이 어떤 것인지 짐작해 볼 수는 있을 것 같다. 어린 아이일수록 자신의 부모를 온전히 수용하고 사랑한다. 그들이 부모를 사랑하는 이유는 오로지 하나이다. 그냥 자신의 부모이기 때문이지. 아이는 태어난 순간부터 자신의 부모를 받아들이고 그들이 어떤 사람이든 자신의 부모만이 최고인 줄 안다. 이 만큼은 아니더라도 부모 역시 아이가 태어나면 그 아이를 완전히 사랑한다. 너희 중에 여기에 이의를 제기할 친구가 있기도 하겠지만, 일단 여기서는 그렇다고 하고, 그 얘기는 나중으로 미루자.

아무튼 두 사랑 중 누가 더 온전하게 있는 그대로의 상대를 수용하는가는 따지자면 자신이 하는 것이 사랑인지도 모르는 아이가 자신의 필요로 사랑을 쏟아 붓는 부모의 사랑보다 우세하다고 볼 수 있을 것이다. 이렇게 완전한 수용과 사랑으로 시작된 관계가 시간이 흐르면서 점점 변하기 시작한다. 서로의 머릿속에는 점차 자신들이 원하는 이상적인 인간들이 자라기 시작하고, 어느 순간부터 부모는 아이를, 남편은 아내를, 아내는 남편을, 자식은 부모를 바꾸려고 거의 일생을 바친다. 만약 너희들의 아이가 다른 사람이 엄마나 아빠면 좋겠다고 말하지 않고, 너의 연인이나 배우자가 끊임없는 지적질을 하지 않는다면, 너의 삶은 그 자체만으로도 축복 받은 것이다.

그러나 불행히도 우리는 백일이 지날 무렵부터 시작하여 죽을 때까지, 훌륭한 인간에 대한 세뇌를 받으며 자신과 더불어 소중한 사람들을 수용하고 사랑하는 방법을 상실하게 되었다. 오늘날 사회에서 통용되는 교육은 '훌륭한 사람과 성공한 사람'에 맞춰져 있기 때문에 사람들이 가진 다양한 모습을 부정하고 외면하는 부작용을 동반하였다. 결국 자신의 모습을 있는 그대로 수용할 수 없는 비극적 결말에 이른 것이다. 이런 환경에서 자란 우리들에게 자신의 본 모습을 수용하고 다양한 타인을 존중하는 것은 불가능에 가까울 것이다. 성공한 귀농인, 억대 서민 부자, 멋진 자연인, 페라리를 타는 청년 사업가, 미래를 위해 도전하는 사람, 이 중 어떤 사람도 아닌 나는, 나의 어떤 부분을 수용하고 사랑해야 하는가?

어떤 학교를 나오고, 어떤 일을 하며 얼마를 버는지, 얼마나 건설적인 미래를 세우고 실천하고 있는지, 이런 것들 외에 어떤 것을 봐야 하는지는 배운 적도 없고, 해 본적도 없는 너희에게 있는 그대로를 수용하는 것은 여전히 어려운 일일 것 같은데, 너희들은 어떤 생각들을 하면서 이 물음과 싸우며 살고 있는지 궁금하구나.

인생에 대한 환상

누구나 사람들로부터 인정받고자 하는 마음을 갖는다. 이런 마음을 인정하고 받아들이는 것은 건강한 자아를 위해 필요한 일이다. 그러나 원하는 것을 모두 가질 수 없을 뿐만 아니라 원하는 대로 이루어지는 것이 반드시 좋은 것이 아니라는 세상의 이치를 잊어서는 안 된다. 특히 원하는 바가 모두 이루어지는 것에 대한 소망은 환상이다. 이 불가능한 환상이 우리의 내면을 채우게 되면 자아는 파산을 하고 나란 존재는 텅 비게 되는 심리적 상실을 겪게 된다. 따라서 모든 소망이 이루어질 수 없는 현실에 대해서도 잘 알아야 하지만 내가 원하는 대로 되면 다 좋을 것이라는 환상에서 먼저 벗어나야 한다. 다음은 어느 라디오에서 우연히 들은 사연이다.

시골의 한 가난한 집에 정말로 공부를 잘하는 똑똑한 장남이 있었다. 워낙 가난했던 시절이라 그 아이 하나만 공부를 시키기로 하고 나머지 자식들은 초등학교를 졸업하자마자 공장으로 가거나 부모를 도와 농사를 짓도록 하였다. 똑똑한 장남은 가족들의 소원대로 열심히 공부해서 서울 의대에 합격하였고, 이는 가족뿐만 아니라 온 동네의 자랑이 되었다. 그렇게 원하던 의대를 가고 2년이 지나서 장남은 학교 앞 자취방에서 연탄가스 사고로 죽었고 온 동네 사람들이 슬픔을 함께 나눴다는 이야기이다.

이 이야기를 들으면, 우리들이 얼마나 환상을 쫓으며 비현실적으로 사는지 생각해 볼 수 있다. 공부를 잘하고, 의대를 가고, 의사가 되고, 가문을 일으키고, 이런 소망은 누구나 가질 수 있다. 그러나 이렇게 누구나 가질 수 있는 소망들이 현실적 감각을 외면한다면 그것은 환상에 불과하다는 것을 알아야 한다. 왜냐하면 우리가 살고 있는 인생이라는 이 자체가 가진 속성이 오르고 내리기를 수없이 반복하는 롤러코스터와 같기 때문에, 세상은 절대 좋은 일만 일어날 수가 없다. 또한 오르기 위해서는 반드시 치러야 하는 값이 있기 때문에 좋은 일이 반드시 좋은 일이 될 수만도 없다. 라디오의 사연처럼 좋은 일은 나쁜 일의 시작이 되기도 한다. 똑똑한 장남이 이뤄낼 환상에 온 가족의 삶을 배팅만 하지 않았어도 이렇게 허무하게 끝이 나는 이야기는 없었을 것이다.

좋은 일에 대한 사람들의 바램을 심리학적으로 분석해보면, 나쁜 일에 대한 두려움과 만나게 된다. 건강에 대한 소망은 건강하지 못 했을 때 겪게 될 고통을, 부에 대한 소망은 가난이 주는 비참함을, 합격하지 못했을 때의 좌절감을, 헤어졌을 때의 외로움을… 이런 부정적 마음을 겪고 싶지 않음에 대한 간절함이다. 우리는 잘 살고 싶은 것이 아니라 못 살고 싶지 않은 것이다. 잘 사는 것에 대한 경험은 부족하지만 못 사는 것에 대한 경험은 넘치고 넘쳐 생각만 해도 두려운 것이다. 그래서 일어날 수 없는 가장 완전한 환상에 대해 '아무도 아프지 말고, 시험에 꼭 합격하고, 돈도 많이 벌고, 모두가 행복함'에 대한 기도를 한다.

우리는 일어나지 않기를 바라는 것들에 대한 두려움을 피하지 않고 인정해야 한다. 가족 모두가 장남이 의사가 되어, 집을 일으키고, 형제들의 은혜를 갚고, 아무 탈 없이 모두가 행복하게 잘 먹고 잘 살았다는 동화 속 결말에 빠져 각자가 가진 자신의 삶을 버린다면 이것이야 말로 가장 큰 비극이다. 이 이야기 속에서 우리가 주목해야 할 사람들은 장남을 위해 초등학교만 졸업한 형제들이다. 자신이 중심이 되어 설계되어진 삶이 아니라 장남의 인생에 맞춰 설계된 삶을 산 이들은 그의 죽음으로 어느 날 갑자기 본체에서 떨어져 나간 부속품이 된 것이다. 다행히 어떤 삶 속에서도 자아를 잃어버리지 않고 살았다면 초등학교만 졸업하고도 누구보다 만족한 삶을 살 수도 있겠지만, 만약 모두가 장남 한 사람의 성공에 맞춰진 환상 속에서 자신의 삶을 설계했다면 이들이 자아를 상실하게 될 확률은 커진다.

빛과 어둠처럼 기쁨과 슬픔이, 행운과 불행이, 아픔과 성장이, 희망과 좌절이 항상 같이 있는 것이 우리의 인생이다.

만약 당신이 슬픔만, 불행만, 아픔만, 좌절만 보고 있거나 역으로 기쁨만, 행복만, 성장만, 희망만 갖기를 원한다면 이 둘 모두는 환상이다. 환상에 빠진 사람에게 현실은 항상 슬프고 억울할 수밖에 없는 것이다.

우리가 원하지 않는 것을 피하고 싶은 소망이 강렬해질수록 우리는 환상에 사로잡히기 쉽고, 인생의 부정적인 면을 받아들이기 어려워진다. 꽃길만 꿈꾸다 보면 현실의 자기는 초라해지고 결국 자아를 상실하게 된다. 따라서 누구나 피하고 싶은 삶의 부정적 측면을 인정하고 받아들이는 것부터 시작해야 한다. "꽃길은 너나 가라! 나는 자갈길을 가 볼란다." 이런 선택을 할 줄도 알아야 한다. 그러면 역설적이게도 좌절과 고통이 주는 또 다른 긍정적 의미를 찾을 수 있다. 좌절과 고통에서 의미를 찾는 사람이 어떤 상황이 두렵겠는가? 어떻게 자신을 미워할 수 있겠는가? 두렵지 않은 자아를 가지면, 무엇이든 도전할 수 있는 용기가 생긴다. 이 용기는 고통스러운 인생에서 꿀맛 같은 행복을 찾을 수 있는 힘을 줄 것이다.

어리석음과 지혜의 차이

모든 것을 가질 수 없기 때문에 하나를 얻기 위해 다른 하나를 포기해야 한다는 것을 아는 것은 삶의 지혜이다. 김치 국물 얼룩이 묻은 티셔츠에 아이들이 남긴 밥을 열심히 먹고 있는 당신의 아내를 보면서 날씬한 허리에 우아한 식사 예절을 가진 여인을 기대한다면 그것은 자신의 어리석음을 마주한 것이다. 아내가 아름다운 옷과 품위 있는 식사를 가족을 위한 헌신과 바꾸었다는 것을 생각할 줄 아는 것이 지혜이다. 우리는 이것을 감사함을 아는 마음이라고 하고, 예일 대학의 심리학자 로리 산토스 교수는 행복의 조건이라고 말하기도 한다.

이렇게 생각해 보자. 누군가가 당신을 좋아한다고 말했고, 당신도 그가 괜찮은 사람이라 생각해서 결혼을 했다. 그런데 이 사람은 당신에게 어떤 사람이면 좋겠다는 요구를 하고, 당신이 가진 모습에 짜증을 낸다. 당신은 드라마를 먼저 보고, 친구와 전화 수다를 좀 떨고, 설거지를 좀 있다 하면 더 즐겁게 일할 수 있을 것 같은데, 그런 당신을 보면서, 내가 게으른 여자와 결혼을 했다는 둥, 먼저 치우고 자기 일을 하면 좋다는 둥, 더욱 끔찍하게도 누구의 부인은 정말 깔끔하게 집을 치운다는 둥 이런 소리를 하는 사람이 있다면 당신은 아마 그 사람과 하루도 살고 싶지 않을 것이다. 자기의 모습이 아닌 다른 모습을 가진 여자를 바라고 있는 남편을 보았기 때문이다. 이 사람은 나의 무엇을 좋아한 걸까? 진짜 나를 좋아한 건 맞나? 나는 왜 이런 사람을 선택했을까? 이 사람이 나와 결혼하려고 이런 모습을 숨겼을까? 내가 사람을 볼 줄 몰랐을까? 내가 어리석어서일까? 우리 아버지 같지만 않으면 된다고 생각했는데, 결국 내가 우리 아버지 같은 사람이랑 결혼한 걸까? 당신의 무의식은 당신을 가만히 놔두지 않는다. 결국 당신은 그런 여자 만나서 어디 한 번 잘 살아 보라고 집을 나올 것이다. 아이만 없다면.

우리가 사랑을 시작할 때는 상대가 아닌 자신의 열정을 믿는다. 내가 뭐든지 다 할테니 당신은 그저 와 주기만 하면 된다고 말한다. 마치 아이가 처음 세상에 태어나 내 품에 안겼을 때처럼, 우리는 이 사람을 온전히 사랑하겠노라고 맹세한다. 그리고 그 맹세는 일상의 어리석음에 차디찬 티끌이 되어 날아간다. 그러고 보면 승려이자 시인이었던 한용운은 진짜 심리학자였을지도 모를 일이다.

> 님은 갔습니다. 아아, 사랑하는 나의 님은 갔습니다.
>
> 푸른 산빛을 깨치고 단풍나무 숲을 향하여 난 작은 길을 걸어서 차마 떨치고 갔습니다.
>
> 황금의 꽃같이 굳고 빛나던 옛 맹세는 차디찬 티끌이 되어서 한숨의 미풍에 날려 갔습니다.
>
> 날카로운 첫키스의 추억은 나의 운명의 지침을 돌려 놓고 뒷걸음쳐서 사라졌습니다.

나는 향기로운 님의 말소리에 귀먹고, 꽃다운 님의 얼굴에 눈멀었습니다.

– 한용운 '님의 침묵' 중 일부

님이 간 것이 아니고 내 마음이 변한 것이다. 향기로운 님의 말소리에, 꽃다운 님의 얼굴을 만든 것은 내 마음의 환상이다. 지금의 사회 환경은 이상적인 인생에 대한 환상에 사로잡혀 존재하는 실체가 아닌 이상적 인간을 제시하면서 좋고 아름다운 면만 쳐다보게 만들어 우리를 외롭고 힘들게 한다. 세상은 진취적이고, 탁월한 능력으로 무장된 삶의 환상을 좇게 만들고, 내 마음은 절대 수용할 수 '모자란 나'를 만들어 내는 것이다.

내가 가진 진짜 나를, 진짜 가족들의 모습을 보는 것이 두렵고 싫어도 피하지 말아야 한다. 온갖 좋은 것에 대한 기대만으로 정작 가지고 있는 것의 소중함을 잊고 환상만 쫓는 바보가 되는 것을 어느 누구도 원하지는 않을 것이다. 우리 머릿속에 있는 환상을 지우고, 진짜 현실적인 나와 가족과 인생의 모습을 보도록 하자. 그러면 내가 좋아할 면과 좋아하지 않은 면을 골고루 갖춘, 원하는 면과 원하지 않는 면을 적당히 갖춘 현실적 존재와 현실의 삶을 만나게 될 것이다. 설혹 온통 결점투성이고 내가 다 챙겨줘야 하는 힘겨운 존재를 만나게 되더라도 그들이 진정 내가 사랑해야 할 사람들이다. 어떤 상황에서 한 결정이든, 운명이든, 팔자든, 우연이든 나의 곁에는 내가 만든 가족이 있다. 그리고 환상이 아닌 현실에서 어렵지만 포기하지 않고 살아가는 대견한 내가 있는 것이다.

인간이지만 인간이 아니다

어머니가 결혼을 앞 둔 딸에게 다음과 같이 말한다. "남편을 존중하고, 아이들을 사랑하며, 시부모에게 순종하며, 부모에 효도하고 …." 좋은 말이다. 그런데 이 좋은 말 속에 실재하는 '인간'은 없다. 자격이나 사회적 지위를 부여받은 개념적 인간은 있지만, 실제로 그가 어떤 남편인지 어떤 아이인지 어떤 시부모인지에 대한 마음을 가진 현상적 존재는 없다. 애교가 많은 여자를 좋아하는 남자인지, 강한 생활력을 가진 여자를 좋은 아내라고 생각하는 남자인지에 대한 정보조차 없는데 그저 남편을 존중하라고 가르쳐왔다.

현실적 존재인 우리에게 어떤 것이 존중인지, 사랑인지, 충성인지, 효도인지 제대로 아는 것은 매우 어렵고 복잡한 일이다. 연로한 부모를 한 집에서 모시고 사는 것이 진정 효도인지? 혼자 사시면서 친구들과 시간을 보낼 수 있도록 경제적 지원을 해 주는 것이 더 나은 선택인지 알 수가 없다. 왜? 우리가 옳다고 믿는 것일수록 진짜 인간의 마음은 가지지 못한 개념의 인간을 대상으로 하기 때문이다. 즉 백지 같은 배경을 둔 상황극만 있기 때문에 실제의 현실에서 어떤 의식을 가지고 어떻게 살아야 하는지에 대한 현실적 지혜는 없다.

개념 속 인간은 배경을 지니지 않고 존재하기 때문에 살아가는 방법이 매우 간단하다. 좋은 의사, 좋은 부모, 좋은 딸, 좋은 선생님으로 살면 된다. 그러나 현실 속에서 살아가는 개별적 존재로서 나는 어떻게 사는 것이 좋은 딸인지, 좋은 부모인지 간단하게 알 수가 없다. 실존하는 우리들은 성격, 유전적 요인, 기질 등의 생물학적 요인과 심리, 사고, 정서의 발달 양상과 외부의 성장배경과 교육환경 등 수많은 요인이 복합적으로 얽혀 지속적으로 변화하는 유기체이다. 이 유기체들은 각자의 수준을 결정하고, 또 다른 수준의 개별자들을 만나면서 복잡한 관계의 수준을 만들며 살아간다. 따라서 개념 속에 존재하던 유능한 의사가 현실에서는 소심하고 불친절한 의사로, 자식을 위해 희생하는 이상적 아버지는 자식을 이해하지 못하는 고집스러운 아버지로 존재하는 것이다.

가만히 생각해 보면 우리는 자신도 모르는 사이 아이에 대한, 배우자에 대한, 부모에 대한 이상적 모습을 가지고 있다. 아침마다 아이를 깨우는 엄마의 머릿속에는 스스로 일어나는 이상적 아이가, 책상에 앉아 열심히 공부하는 이상적 아이가 있다. 잔소리 많은 아내를 둔 남편은 자신의 노고를 인정해주고 정성껏 자신의 밥을 짓는 아리따운 아내가 있다. 술자리가 빈번한 남편을 둔 아내는 집에 일찍 들어와 아이들과 놀아주는 이상적인 모습의 아빠가, 성질이 무뚝뚝한 남편 대신 드라마 속에 나오는 다정다감한 멋진 배우자가 존재하며 살고 있는 것이다. 그리고 끊임없이 비교하며 자신의 아이들이, 배우자가 하루아침에 바뀌기를 소망하며 살고 있다. 그러는 사이에 진짜 내 가족은 점점 내가 원하는 사람들이 아닌 사람들이 되어 버리고 갈등은 점점 커져만 간다.

사람들의 머릿속에는 마음이 없는 이상적 인간이 살고, 현실에서는 진짜 마음을 가진 무능한 인간들이 사는 것이다. 『행복에 취해 비틀거리다』의 저자 다니엘 길버트는 인간이 불행한 이유를 미래를 생각하고 상상하는 추상적 사고 때문이라고 말한다. 실제로 인간의 사고와 감정은 현실보다 생각 속에서 더 강해진다. 연락이 안 되는 아이를 기다리며 드는 온갖 나쁜 사건들이나, 자신이 죽은 후 어린 자식이 혼자서 살아가야 할 것을 상상하는 것만으로도 우리는 마음이 찢어지는 고통을 겪을 수 있다. 불운이 주는 현실 그 자체보다 그것을 상상하는 마음의 아픔이 더 크다. 이것은 인간의 생각은 많은 요소들을 생략하고 하나의 상황만 집중하기 때문이다. 이러한 능력 덕분에 우리는 마음이 없는 이상적인 인간을 만들기 쉽고 점점 현실과 멀어져 살기도 한다. 우리가 현실에서 멀어져 이상적 인간과 가까울수록 마음이 아픈 사람들은 더 많아질 것이다.

모든 것이 위대한 인간은 없다

우리는 사람들의 수준을 실제보다 높게 생각하는 경향이 있다. 이것은 우리 사회가 어린 시절부터 위인과 훌륭한 사람에 대해 거의 강박적으로 교육시키기 때문이다. 죽어서 이름을 남긴 위인들의 생애를 본받고 우리 역시 그런 사람들이 되기 위해서 애쓰며 사는 것이 잘 사는 것이라고 배운다. 따라서 역사에 이름을 남길 훌륭한 사람은 못 되더라도 남들보다 혹은 남들만큼 잘 사는 사람이 되어야 한다는 사회적 강박이 있다. 이것은 열심히 사는 사람들과 비교되어 자신의 모습에 대한 부족함이라는 무의식을 내면 깊숙이 자라게 한다. 이러한 자기 부족의 열등감은 회사만 다니면서 나이를 먹으면 왠지 잘 살지 못하는 사람인 것처럼 느끼게 만든다. 새벽에 수영을 하고, 저녁에는 영어 강의를 들으며, 댄스나 스포츠 동호회 하나쯤은 들어야 자신의 삶을 충실하게 살고 있다고 믿게 만든다.

그러나 인간의 수준과 업적은 전혀 다른 차원의 문제이다. 예를 들면, 사회적 명성을 가진 유명인들도 그 명성에 걸맞지 않은 행동으로 대중으로부터 지탄을 받는 경우가 종종 있다. 스티브 잡스는 IT 기술에 탁월한 재능을 발휘하여 전 세계적으로 그 명성을 날렸지만, 사람들과의 관계에서는 그 재능을 전혀 쓰지 못하였다. 그런데 사람들은 자신이 가지고 싶은 부분에 주목하기 때문에 하나의 우월함을 가지면 다른 모든 것들도 가지고 있다고 믿기 쉽다. 내가 스티브 잡스가 된다면 부러울 게 하나도 없을 것처럼 그가 모든 것을 가진 사람이라 믿는다. 그러나 그는 미혼모의 아들로 태어나, 양부모 밑에서 자랐고, 까칠하고 재수 없는 성격으로 원만하지 못한 학교생활을 했으며, 결혼 전 낳은 딸을 여러 번 외면했으며, 자기가 설립한 회사에서 쫓겨났고, 결국 췌장암으로 8년간 투병 생활을 하고 56세의 나이로 죽었다. 이런 부정적인 면 또한 그의 일부이다.

그럼에도 우리는 교훈을 주고 감동을 받은 특정 부분에만 주목하면서 다른 모든 면도 완전할 것이라는 근거 없는 믿음을 가지며 타인들을 부러워한다. 미혼모의 아들이라는 것도, 그 까칠한 성격도 그의 성공을 위해 반드시 필요했던 역경과 같은 것이 된다. 실제로 이런 사람이 당신의 친구나 배우자였다면 다시는 엮이고 싶지 않을 재수 없는 인간일 수도 있는데도 말이다.

역으로 우리는, 각 분야의 탁월한 사람들의 이야기에 매료되어 그들이 가진 다른 모든 것을 높게 평가하면서, 막상 자신을 바라볼 때는 이와 반대로 평가를 절하하는 경향이 있다. 가지지 못한 것에 대한 욕망이 자신을 초라하게 만드는 것이다. 이 위대한 사람들 속에서 나는 왠지 아무것도 아닌 존재가 되어 살다가 죽는 것이 아닌가 하는 두려움이 엄습한다. '돈이 있다고, 유명하다고 행복한 것은 아니다, 부러우면 지는 것이다' 이런 표어를 만들며 애써 자신을 위로하지만 두려움은 쉽게 사라지지 않는다. 다른 사람들은 모두 잘 살고 있는데 나만 뒤처져 살고 있는 것만 같다. 뒤처져 있는 것 맞다. 당신이 위대한 인간에 대한 환상이 클수록 당신은 영원히 뒤처진 삶을 살 것이다.

우리가 가까운 사람이든 나와 관계가 없는 사람이든 누군가를 대할 때, 누구나 모두 긍정적인 면과 부정적인 면을 동시에 가지고 있다는 것을 알아야 한다. 그리고 이러한 마음을 가지고 사람들을 정확하게 보도록 노력해야 한다. 만약 우리가 머릿속에 존재하는 개념만으로 이루어진 이상적 인간을 기준으로 신화 속 존재들을 만들어낸다면, 결국 스스로 불행하기로 작정한 사람이다. 여기에 더 나아가 당신이나 당신의 가족에게 당신이 원하는 이상적 인간이 되어 주기를 소망한다면, 우리가 지난 세월 동안 수많은 관계 속에서 받았던 상처를 고스란히 내게 가장 소중한 사람에게 그대로 주고 있는 셈이다.

인간의 수준

실제 우리가 만나는 사람이건 나와 다른 세상에 살고 있는 것처럼 보이는 사람이건 인간의 수준은 그다지 높지 않다. 같은 처지에 있던 친구가 하루아침에 부자가 되면, 부자 친구가 생겨서 신이 나는 것이 아니라 배가 아플 수 있는 것이 인간의 수준이다. 내가 가진 학벌이 높을수록, 경제적 자산이 많을수록 나보다 더 올라간 것 같은 사람을 부러워하고 시샘하고 싶은 마음이 커지는 것이 지극히 당연한 우리 인간의 수준이다.

인간의 수준에 대한 올바른 생각은 인간의 삶을 이해하고 나의 행복을 추구함에 있어 중요한 요인이 된다. 나의 주변에 있는 사람들의 수준을 높게 보지 않으면 화를 낼 일도 그만큼 줄어든다. 삶의 방식이 너무나 다른 부모, 생각이 다른 남편, 발달 수준이 다른 아이들, 추구하는 가치가 다른 동료들, 이렇게 주변에서 만나게 되는 수많은 사람들의 사고와 행동을 볼 때, 인간의 수준이 원래 그렇다는 것을 알게 되면, 타인과 자아에 대한 분노는 수그러들 수 있다. 예를 들면, 직장 동료의 이기적인 행동을 보면서 "도대체 저 인간은 왜 저 모양인지? 이해가 안 되네, 그러니 친구가 없지." 이렇게 화를 내는 것보다 "그래, 이것이 인간의 수준이지." 하면 된다. 공부는 뒷전이고 게임만 하는 자식을 보면서 "얘는 누굴 닮아 저 모양이지?" 이런 생각보다는 "그래, 놀고 싶은 게 당연하고, 공부보다 게임을 먼저 하는 게 정상적인 아이의 수준이지." 이렇게 생각하면, 문제아도, 문제 남편도, 문제의 시부모도, 문제의 직장 상사도, 말귀 못 알아듣는 동료도 더 이상 문제는 아니다.

내 수준은 내가 결정한다

그럼 이러한 인간의 수준 속에 살고 있는 나의 진짜 문제는 무엇인가? 그것은 바로 나의 수준이다. 인간의 수준을 가졌지만 좀 더 잘 살아보고 싶은 나의 수준이 문제이다. 이 또한 우리가 가진 생각을 조금만 바꿔본다면, 그다지 어려운 문제는 아니다.

예를 들면, 아들의 성적표를 본 남편이 아내에게 "넌 도대체 집에서 뭐하냐?"고 묻는다면, 이것은 지극히 정상이고 보통인 인간의 수준이다. 처자식 먹여 살리려고 가기 싫은 회사도 열심히 가는데, 자식이 공부라도 잘해주면 좀 좋겠는가? 아내가 알아서 척척 아이들 공부를 가르쳐 가족을 위해 힘들게 살고 있는 가장에게 보람을 느끼게 해주면 안 되겠는가? 아내 아닌 누군가라도 책망하고 싶고 화를 내고 싶은 것이 인간 수준의 마음인 것이다.

그러면 당신에게는 두 가지 선택이 있다. 하나는 똑같이 인간의 수준에 맞춰 "공부를 지가 하지, 내가 하냐? 그러는 넌 부모 아니냐? 애가 누굴 닮았을 것 같아? 나라고 집에서 노는 줄 알아, 당신이 한 번 공부를 시켜보든가." 이렇게 대응하면서 사랑스럽지만 성적이 낮은 자식을 가정불화의 원인으로 만들 수 있다.

그런데 나의 수준은 인간의 수준과는 다르다고 믿는 고수들은 일단 상대의 말을 요약 정리한다. "그러니까 지금 당신은 자기 아들이 공부를 못한다고 생각하니까 화가 나고, 누구에게라도 그 책임을 묻고 싶은데 그게 나라고 말하고 있는 거지?" 그리고 자신의 생각을 말한다. "그럼 내 생각에는, 먼저 이 결과물의 주인공인 아들한테 물어보는 게 나을 것 같은데. 아들도 자기만의 사연이 있을 거 아니야? 어떻게 이런 결과가 나온 것인지 먼저 들어보고, 그 다음에 문제를 해결할 방법을 찾으면 되겠네.” 이 말하기에는 심리학적으로 유용한 몇 가지 의미를 가지는데, 첫째, 당신은 남편을 비난하는 말을 사용하지 않았다. 둘째, 소중한 아들을 문제아로 만들지 않았다. 또한 상대가 한 말을 정확하게 해석하여 직접적으로 말함으로써 상대방의 의도를 잘 알고 있으며 어떻게 할 것인가에 대한 현실적인 해결책을 제시하고 있다.

상대가 나를 때렸다고 해서 나도 굳이 상대를 때릴 필요는 없다. 때리는 것은 인간의 수준이고, 때릴지 말지는 내 수준이 결정하면 되는 것이다. 즉, 개념 속 이상적 인간과 현실의 개별적 인간들의 수준이 있다면, 나라는 수준을 결정할 자율의지는 나에게 있는 것이다.

그런데 우리는 고대의 함무라비 법전과 고조선의 8조법까지 들먹여가며 ‘니가 그러니까 내가 이렇게 될 수밖에 없다’는 하수의 수준을 합리적인 것이라고 잘못 알고 있는 것이다. 우리가 생각하는 것보다 세상은 그다지 합리적이지 않고, 나의 수준은 내가 선택할 문제이지 비합리적인 세상에 맡길 일이 아니다.

인간은 우리의 생각보다 지극히 비합리적이며 비이성적인 존재이다. 단지 합리적이고 이성적으로 살려고 노력하면서 스스로를 합리적이며 이성적이라고 착각하기 쉬울 뿐이다. 그리고 이 착각으로 우리는 더 불행해진다. 아내를 때리는 남편도, 제자를 모욕하는 선생도 모두 그렇게 하는 것이 합리적인 행동이라 생각한다. 아내가 잘못을 했기 때문에 벌을 받아야 하고, 아이들은 모욕을 받으면 오기가 생겨 더 열심히 할 것이라 믿는다. 이처럼 사람들은 무지의 세계 안에서 자신이 만든 논리를 합리적이고 이성적이라 믿으며 상대를 괴롭히는 잔혹한 동화들을 계속 만들어낸다.

교육은 사람들에게 옳은 것, 합리적인 것, 이성적인 것, 도덕적인 것, 가치 있는 것에 대한 절대성을 가르친다. 그래서 우리의 머릿속에는 앞서 언급한 이상적인 인간들이 살고 있다. 거기다 똑똑하고, 친 사회적이며, 희생적이며, 의지가 강하고, 능력 있는 사람에 대한 성공 신화를 믿는다. 그렇다면 우리 중 대부분은 실패자인 것이다. 똑똑한 것도 친사회적인 것도, 희생정신도, 불굴의 의지도 없는 '나'는 무능력한 인간이며 아무것도 하지 않아도 그 존재 자체로 문제 있는 인간이 되는 것이다. 왜냐하면 많은 것을 타고난 인간은 지극히 소수에 불과하기 때문이다. 그리고 타고난 인재도 운이 없다면 무능력한 결과물만 생산해내는 불량 인간으로 평가받는 시대에 살기 때문이다.

그러면 이러한 시대에 나는 이대로 살아도 괜찮은가? 다음 두 가지를 인정하면, 이 질문에 대한 답을 쉽게 내릴 수 있다. 첫째, 선택할 수 있었던 범위가 좁든 넓든 지금 내가 감당하고 있는 현실은 모두 나의 결정과 선택이었다. 내 부모를, 국가를, 우리가 겪는 불운의 사고와 일들조차 내 선택이었냐고 묻고 싶을 것이다. 당연히 그렇지 않다. 또한 이러한 일들이 왜, 누구에게 생기는지 우리는 알지 못한다. 그러나 그 일이 특정한 사람에게, 명확한 목적을 가지고 발생하는 것이 아니라 그냥 누구에게든 일어날 수 있다는 것만은 분명해 보인다. 그러므로 중요한 것은 불운 그 자체가 아니라 나란 존재가 그 불운을 어떻게 처리할 것인가의 문제이다. "왜 나에게 이런 일이 생기는가?" 여기에는 내가 없지만, "그 일을 어떻게 받아들이고 해결해 나갈 것인가?" 여기에는 내가 있다.

둘째, 우리의 현실에서 일어나는 대부분의 일들은 장점과

단점의 양면성을 동시에 가진다. 무조건 좋은 것도 무조건 나쁜 것도 없다. 열 명의 아이들과 함께 북유럽을 여행할 때, 노르웨이에 있는 송네 피오르를 간 적이 있다. 오슬로역에서 송네 피오르 기차표만 왕복으로 구매하고, 아직 시간 여유가 많아서 스웨덴으로 돌아갈 기차표를 구매하지 않았다. 그런데 막상 송네를 다녀오니 금요일이 되어서 스톡홀름으로 가는 기차표가 모두 매진되었다. 토요일에 스톡홀름에서 핀란드로 가는 배를 예매한 상황이라 금요일 밤 기차를 타지 못하면 11명의 배값과 캐비어를 먹을 수 있는 저녁 뷔페가 날아가는 것은 물론 이후 예정된 모든 일정이 틀어질 판이었다. 매표원에게 사정을 이야기하자, 기차가 출발하기 전 승무원과 직접 얘기해 보라는 것이다. 요행으로 담당 승무원을 만나 상황을 설명하자, 그는 우리에게 현금이 얼마나 있냐고 물었다. 아이들과 내가 주머니에 있는 돈을 모아보니 한 사람당 20유로쯤 되었다. 산타처럼 생긴 승무원 아저씨는 그걸로 됐다며 샤워실을 갖춘 2인실 침대칸을 6개나 끊어주셨다. 가끔은 행복의 기회가 불운의 뒷면에 숨어 있을 때도 있다. 또 시간이 지나면 무엇이 불행이고 무엇이 행운이었는지 그 정체가 모호해지기도 한다. 결핍이 발전의 동기가 되기도 하고 풍요가 나태와 타락을 만드는 경우처럼, 그것이 나에게 약인지 독인지는 그 순간에 결정되는 것이 아니라 나란 존재가 더해진 후에야 비로소 그 정체가 드러나는 것이다.

그러므로 이렇게 살아도 괜찮은지는 타인이나 사회가 아닌 내가 결정하는 것이다. 또한 반드시 지금의 사회가 원하는 인간형으로 살아야 할 의무도 없다. "노력하면 무엇이든 할 수 있다. 노력은 성공의 어머니이다" 이런 대국민적 표어는 "노력하면 되는 일도 있고, 가끔은 노력하지 않았는데 거저얻어지는 일도 있다. 그리고 아무리 노력해도 안 되는 일이 있다. 그러니 어떻게 하겠니? 일단 노력하면 된다고 믿고 최선을 다하다 보면 지금보다 나아지지 않겠니?" 이 말을 간단하게 표현한 것이다.

그런데 우리가 생각해 보아야 할 것은, 이런 무차별적이고, 전투적이고, 정확하기 못한 대국민적 신념들이 자기 스스로를 인정함에 있어서는 장애물이 된다는 것이다. 굳이 사회적 염원까지 보태지 않아도 우리의 마음은 각자의 내면에서 일어나는 파도만으로도 이미 충분히 벅차다.

03

감정의 동물

행복의 길을
묻는 나에게

여보, 지금 당신은 행복한가요?

나는 언제나 행복하다고 믿었는데, 어찌된 일인지 언제부터인지 알 수 없지만 이 질문에 “그렇다”라고 선뜻 대답을 할 수가 없게 되었어요. 그렇다고 내가 불행하다고 느낀다고 섣불리 오해하지는 말았으면 합니다. 저도 살아 온 세월 정도의 연륜은 있어서 지금의 삶을 감사하고, 받아들일 정도는 됩니다.

사실 우리의 인생이 좋은 일과 나쁜 일이 수시로 일어나잖아요. 비록 그런 날이 적을 뿐이지, 나쁜 환경에서도 좋은 일이 생기고, 좋은 일 뒤엔 나쁜 일이 오고, 이것이 인생사의 속성이지요. 그렇기에 사람들은 아무리 힘든 상황에서도 희망을 버리지 않고 살잖아요. 가난과 기아로 죽어가는 환경에서도 아이들을 낳고 살아가는 사람들을 보며, 어떻게 저런 곳에서 살 수 있을까 하지만 좋은 일이 생길 것이라는 희망을 버리지 않는 한 어떤 곳에서도 인간은 결국 살아가잖아요.

여보, 우리에게도 좋고 나쁜 일들이 있었고, 그것들이 주는 기쁨과 희망 덕분에 여기까지 왔습니다. 이제 와 돌아오면 다 꿈처럼 느껴지네요. 매순간 격렬했던 감정들조차 이제는 돌아와 거울 앞에 선 내 누님 같은 꽃이 되어, 고요해졌습니다. 허나 또 다시 살라하면 못살 것 같다는 생각이 드는 걸 보니, 이제 저도 예전처럼 젊은 나이가 아니라는 걸 제 몸과 마음도 아는 것이겠지요.

그래서 행복에 대해 더 간절한 것인지도 모르겠어요. 이제껏 한 번도 진짜 행복하다 느껴 본 적이 없는 것 같으니 그게 무슨 감정인지 정말 알고 싶어졌어요. 어떤 사람은 살아있는 것만으로도 행복이고, 문제없이 사는 것만으로도 행복이라는데, 저는 사람들의 그런 말이 아닌 나만의 행복을 맛보고 싶어요. 좋은 일만 계속 생겨서 즐겁게만 살고 싶다는 것이 아니라, 이 세상으로 소풍 나온 어느 시인처럼 온유한 마음이 충만해서 더 할 것도 없는, 못할 것도 없는 지금의 삶에서 행복의 감정을 마음껏 누려보고 싶어요.

여보, 우리의 마음이 가는 대로 살면 그것을 찾을 수 있을까요?

소풍

– 천상병

나 하늘로 돌아가리라.
새벽빛 와 닿으면 스러지는
이슬 더불어 손에 손을 잡고

나 하늘로 돌아가리라
노을빛 함께 단 둘이서
기슭에서 놀다가 구름 손짓하면은.

나 하늘로 돌아가리라
아름다운 이 세상 소풍 끝내는 날
가서, 아름다웠더라고 말하리라…….

우리에겐
너무나 어려운 마음

한국 사회가 처했던 특수한 역사 배경으로 인해 지금 우리의 사회·문화적 단계에서 자신과 타인의 솔직한 마음을 이해한다는 것은 여전히 어려운 일이다.

첫째, 우리 사회는 서로 다름에 대한 긍정적 경험이 부족하다. 이민족에게 수많은 침략을 당했던 역사적 배경은 한국 내전을 겪으며 동질성에 대한 집착을 더욱 강화하였다. 우리의 역사에서 다르다는 것은 곧 죽음을, 같다는 것은 보호받을 권리를 의미하는 생존의 문제였다. 따라서 다른 나라 사람들보다 유독

혈연에 집착하며 가족을 유일한 신뢰 집단으로 여기며 살아왔기 때문에 나와 자식을 서로 다른 존재로 받아들이는 것이 매우 어려운 일이다. 서로 다름에 대한 공포를 집단적 유산으로 물려받은 것과 같다고 볼 수 있으며, 따라서 사람들마다 서로 다른 마음이 있고, 다양한 마음과 생각을 이야기하는 것은 오랜 세월동안 집단의 안전에 위협을 가하는 금기로 여겨졌다.

둘째, 우리가 안다는 것은 개념적 이해이지 상대에 대한 존중을 기본으로 한 현실적 이해가 아니다. '가난하고 힘든 환경에서 최선을 다해서 노력한 결과 성공하였습니다.' 한 번도 본 적이 없는 누군가로부터 이 말을 들었을 때, 대개는 이 문장 속의 특정한 정보만으로 그를 안다고 착각한다. 그러나 실상은 가난, 고난, 최선, 노력, 성공 이런 단어들이 가진 개념적 의미를 이해한 것뿐이다. 따라서 그가 세상에 대한 불신을 가졌는지, 희망을 가졌는지, 누군가를 돕겠다는 선의를 가졌는지, 가난과 고난을 준 사람들에게 복수하고 싶은 마음을 가졌는지, 나도 했으니 너희도 해라는 마음을 가졌는지 알 수 없다. 그런데도 우리는 그가 속한 몇 가지 환경적 정보만으로 상대를 모두 안다고 믿는다. 동시대를 살고 있는 한국인의 삶이 그다지 다양한 스펙트럼을 가지지 않기 때문에 선부른 추측이 맞을 확률이 높았기 때문이다.

셋째, 사람들은 긍정적인 정서를 더 좋아하고 부정적인 정서는 피하고 싶어 한다. 기쁨, 행복함, 즐거움 등의 감정은 깊이 있는 이해를 필요로 하지 않는다. 또한, 사촌이 땅을 사면 배가 아픈 경우가 아니라면, 일반적으로 누군가의 긍정적 정서는 나에게 손해를 끼칠 확률이 낮다고 믿어진다. 역으로 슬픔, 우울, 분노와 같은 부정적 정서는 나에게 무언가를 요구하는 것 같다. 상대의 처지를 공감하고 위로하고, 도와주어야 한다는 의무감이 들고 이를 위한 감정의 소비조차 아깝다는 생각이 들면 우리는 이러한 관계를 끊고 싶어 한다. 대개의 경우 사람들은 가볍고 즐겁게 살고자 하는 욕망이 있기 때문에, 누군가의 솔직한 마음을 이해한다는 것은 그 자체가 부담인 것이다. 지금 우리는 타인을 이해하는 것에 대한 선천적 장애를 가지고 있는 것과 비슷한 상황에 있다. 따라서 이러한 장애를 극복하는 방법은 자신의 마음을 제대로 이해하고 최대한 솔직하게 표현하는 것이다. 이제 좀 솔직해도 되는 세상에 살아도 되지 않을까?

사고보다 우월했던 인간의 감정들

인류의 진화에 있어서 감정은 논리적인 사고보다 생존에 유리했기 때문에, 이성적 논리보다 감정에 의존하는 것은 우리에게 남아있는 인류의 유산과 같다. 인류가 탄생한 이래 꽤 오랜 시간 동안, '공포'는 생존의 확률을 높였다. 숲속에서 무언가를 밟았다고 느꼈을 때, 이성적인 논리를 동원해 무엇인지를 정확하게 확인한 후 "아 뱀이구나! 도망가자," 판단을 내리는 것보다 무언가를 밟는 순간 공포의 감정이 나를 다른 곳으로 도망가게 하고 난 후 "뭐였지? 아, 나무토막이었구나!"하고 사고하는 것이 생존을 높이는 더 합당한 선택이었다. 따라서 인류의 본능적 특성은 합리적 사고에 따른 감정의 결과가 아니라 감정이 먼저 발생하고 그 뒤를 이성과 사고가 따라오는 형식을 취한다.

위험한 상황에서 '분노'는 심장 박동을 늘리고 혈액량을 증가시킴과 동시에 합리적 사고를 담당하는 뇌로 가는 혈액량을 줄이는 대신 신체가 발산할 수 있는 에너지를 최대한 높인다. 이로 인한 숨소리, 얼굴색, 목소리, 근육 등의 신체적 변화는 적을 위협하는 도구로 오랜 세월 사용되었다. 진화론적 관점에서 보자면 '분노'는 생존의 위협이 거의 사라진 오늘날에도 여전히 명백하게 남아있는 인류의 숙명적 습관에 속한다.

우리가 일상에서 경험하는 분노, 공포, 우울의 감정은 사고보다 먼저 일어나며, 감정의 폭풍이 휘몰아친 후에야 왜 그랬는지에 대해 생각하며 자신의 행동을 합리화한다. 꼬박꼬박 말대꾸를 하는 아이를 보면 분노의 감정이 몰아치고 아이에게 화를 낸다. 이후 감정의 소용돌이가 지나가면 자신이 왜 화가 났는지를 자신에게, 아이에게 최대한 합리적으로 설명을 한다. 이미 감정의 폭풍은 상처를 내고 지나갔지만 뒤늦게나마 자신은 미치지 않았다는 것을 증명하기 위해 최대한 수습을 하는 것이다. 간혹 자신의 논리에 빠져 생각할수록 화가 나는 상황에 빠져 이차 분노를 일으키는 사람들도 있다.

오랜 세월 이성적인 사고보다 우월했던 기능을 담당해 왔던 감정의 역할을 올바르게 대처해야만 현실적 삶에서 부작용이 덜하다. 화를 많이 내거나 쉽게 우울해지거나 겁이 많은 사람들을 정서적 결함을 가진 존재로 이해하면 안 된다. 또한 인간의 정서와 감정이 오랜 시간 동안 이어져 내려온 진화적 산물이기 때문에 감정 자체를 멈추거나 쉽게 고칠 수 있다고 생각해서도 안 된다. 다음의 몇 가지 정보가 당신의 화를 내는 방법을 바꾸거나, 쉽게 화를 내는 상대를 이해하는 데 조금은 도움이 되기를 바란다. 그리고 생각을 바꾸는 것보다 감정을 조절하는 것이 더 어렵기 때문에 오랜 시간과 많은 훈련이 필요하다는 것을 알았으면 한다.

감정 분해하기

우리의 감정은 사실 굉장히 복잡하게 엉켜 있어 그 실체를 명확히 하는 것조차 매우 어렵다. '아이의 성적표를 보고 화가 난다' 이렇게 간단한 문장은 수만 가지의 사고와 감정이 얽혀 있다. 아이의 성적표를 본 순간 평소에 공부하라고 한 자신의 말을 듣지 않아서 분노가 생길수도, 혹은 아이의 미래가 걱정되어서, 혹은 남편의 잔소리나 다른 사람이 자신을 아이를 잘 돌보지 못하는 사람으로 생각하는 게 싫어서 화가 날 수도 있다. 아니면 나를 닮아서 공부를 못하는 게 아닐까?라는 미안함이 분노로 나타날 수도 있다. 분노의 감정은 내가 표현한 최종의 산물이며, 그것은 불안, 공포, 우울, 죄책감, 후회 등 수많은 정서를 동반한 복합적인 감정의 폭발물이다. 단지 그것을 분해하고, 분리하고, 정리하기에 우리는 너무 바쁘거나 경험이 없는 것이다.

분노의 감정이 지나고 난 뒤, 대개는 침묵이 이어지기 때문에 그때 우리는 왜 그랬는가에 대한 합리적 사고를 시작한다. 굳이 화를 낼 필요가 없는데 화를 내고 있는 당신의 모습을 통해 자아성찰이라는 것을 하는 것이다. 어떤 이는 자신의 현재의 삶에서 부족을, 어떤 이는 과거의 결핍을, 어떤 이는 미래의 불안을 발견하기도 한다. 그러면서 또 다시 자신의 미성숙과 내려놓음이라는 화두로 자신의 머리를 벽에 찧는다.

감정의 분화는 많은 노력과 연습이 필요하지만, 자신의 감정을 정확하게 해부하기 위한 가장 쉬운 방법은 화가 나는 순간을 최대한 느리게 진행시키거나, 가능하다면 그 장면에서 멈추는 것이다. 이를 '알아차림' 혹은 '마음챙김'이라는 심리학적 용어를 쓰거나 '딸기'나 '우유'처럼 자신만의 언어를 사용하여 멈추든(『마음에서 빠져나와 삶 속으로 들어가라』, 학지사

2012), 일단은 화가 난 그 순간에서 벗어나는 것이 가장 중요하다. 그 순간을 알아채고 자신만의 약속된 단어를 사용하여 그 순간을 모면하는 것이 좋은 방법이 될 수 있다. 예를 들면 화를 내고 있는 당신을 스스로가 느낀 순간 "크림빵, 크림빵, 크림빵"을 외치면 된다. 이렇게 열 번쯤 소리를 내다보면 감정에서 의식으로 돌아올 수 있다. 자기가 가장 좋아하는 짧은 단어를 외치는 것이 좋다. "돈, 돈, 돈, 돈, 돈, 돈..." 이렇게 말하다보면 어느새 저절로 웃게 된다.

일단 우리에게 전해지는 진화적 유산의 순간을 피하고 난 다음, '왜'라는 질문을 던지고 스스로 답을 찾아가는 방법을 익혀야 한다. 자신의 주변에서 성숙한 자아를 지녔다고 믿는 사람과 함께하는 것도 매우 도움이 된다, 하지만 그 사람의 판단을 100% 신뢰하지 말기를 바란다. 그 사람의 말에서 실마리를 찾는 도움을 받을 수는 있지만 완전한 정답은 오로지 자신만이 알 수 있기 때문에 자신이 가지는 감정에 대해 스스로 공부하고 이해할 필요가 있다. 그러면 최소한 당신을 열나게 하는 것이 자신의 마음에서 기인한다는 것을 발견하게 될 것이다. 그 마음이 어느 정도 깊이 숨어 있는지, 어떤 마음의 탈을 쓰고 있는지는 당신만이 알고 있다. 자신이 보고 싶지 않은 마음을 솔직하게 마주하는 것만으로도 자아는 아이에서 어른으로 성장할 수 있다.

감정과 생각의 분리

우리는 감정과 생각을 동일시하는 경향이 있다. 예를 들어, 돈이 없어서 하지 못하는 것들을 생각하면 화가 난다고 치자. 이때, 돈이 없다는 것과 화가 나는 것은 서로 다른 영역인데 우리는 이것이 마치 불가분의 관계인 것처럼 다룬다. 화가 난 이유에 대한 명백한 근거를 돈이 없다는 이유에서 찾고 이 둘을 마치 원인과 결과의 세트로, 서로 뗄 수 없는 관계로 엮는다. 돈이 없으면 화가 난다, 집이 어질러져 있으면 화가 난다. 내 말을 들어주지 않아서 화가 난다. 서로 다른 영역에 있는 두 사항을 하나의 쌍으로 만들고 점차 둘을 결합하여 1+1로 하나가 발생하면 다른 하나가 자동으로 따라오게 만드는 것이다.

이것은 우리가 감정의 원인을 분명히 하여 자신의 분노가 합당하다는 것을 무의식적으로 강조하면서 생긴 습관이다. 이 자동화된 습관은 자신이 미치지 않았고 타인에게 그 원인이 있음을 증명하기 위해서, 분노의 정당성을 명확히 하기 위해, 서로 다른 두 영역을 원인과 결과의 구조로 만든다. 그리고 이것을 합리화하는 과정에서 사고와 감정의 경계가 흐려지고 결국 분노의 감정이 극대화되어 나타난다.

돈이 없어서 원하는 것을 할 수 없는 상황이라고 가정하자. 가지고 싶은 것은 많은데 돈이 없다, 그래서 화가 난다. 이 논리는 많고 많은 조합 중 하나일 뿐, 당위적인 공식이 될 수는 없다. 돈이 없고 가지고 싶은 것은 많은 상황이 분노와 결합할 수도 있지만, 그래서 돈을 벌어야겠다는 의지와, 돈이 없어도 여전히 가질 수 있는 것이 많다는 발견과, 돈이 없는 나를 버리지 않고 받아주는 친구나 가족에 대한 고마움과, 돈이 없어도 행복할 수 있는 세상을 만들어야겠다는 사회정의에 대한 의지와, 돈이 없는 사람들에 대한 공감과 연민으로, 돈이 없어도 행복한 자아에 대한 자랑스러움으로, 이렇게 다양한 감정들과 결합이 가능한 것이다. 다만 당신은 그 많은 조합 속에서 돈이 없음과 분노의 결합을 선택한 것뿐이다. 그러므로 당신이 당연하다고 믿었던 많은 사고와 감정의 조합을 분리하고, 실현 가능한 다른 조합들을 찾는 것이 좀 더 유쾌한 자아를 가질 수 있는 심리학적 방법이다.

사촌이 땅을 샀다. 배가 아픈가?

1995년 2월, Solnick과 Hemenway는 하버드 학생들과 교수진을 포함한 146명에게 다음과 같이 물었다.

당신은 다음 두 가지 상황 중 어떤 삶을 선택하겠는가?

A: 당신의 현재 연봉은 $50,000(약 6천만원)이고, 다른 사람들의 평균 연봉은 $25,000(약 3천만원)이다.

B: 당신의 현재 연봉은 $100,000(약 1억 2천만원)이고, 다른 사람들의 평균 연봉은 $200,000(약 2억 4천만원)이다.

자신이 받을 연봉을 생각한다면 당연히 B를 선택해야 한다. 실질적 이득을 따지자면 그것이 더 현명한 선택이다. 그러나 이 조사에서 응답자의 56%는 A의 삶을 선택하였다. 당신이라면 어떤 삶을 선택하겠는가? 결코 쉽지 않은 선택일 것이다.

오늘의 우리는 타인의 삶이 나의 삶을 결정하는 현실에 살고 있다. 이런 관점에서 보자면 우리의 현실 자체가 심리적 불행을 기반으로 하는 것이다. 수위를 낮춰서, 남들보다는 아니지만 남들만큼은 살아야 하지 않겠냐고 한들, 수많은 타인의 삶의 평균치를 한 개인이 좇아가기에는 언제나 역부족이다.

여기에 우리의 현실은 더욱 비참하다. 나의 신랑 칠복(내가 부르는 애칭이다)은 어렸을 때, 시골에서 자랐다. 그가 살았던 동네의 한 사람이 숲에서 다래나무 군락지를 발견하고 누구에게도 말하지 않고 혼자서 다래 열매를 독식하였다. 물론 칠복이 우연히 이 다래나무 숲을 발견하기 전까지는 말이다. 다래나무 군락지를 발견해 신이 난 칠복은 친구들을 불러 배가 터지도록 익은 열매를 따 먹었다고 한다. 그리고 다음날 친구들과 함께 그곳에 갔지만, 다래나무는 모두 베어지고 열매들은 바닥에 무참히 흩어져 있었다. 칠복이 발견한 것은 나 혼자만 먹을 수 없다면 어느 누구도 먹을 수 없다는 기막힌 인간의 심보다.

타인의 삶을 파괴하는 방법으로 자신의 삶이 우월해진다고 믿는 것은 우리 시대가 겪고 있는 정신질환이다. 타인이 가질 이득이 싫어서 나의 이득조차 파괴하는 것은 정신과 삶의 황폐화를 선언한 것이다. 이런 정신적 황무지에서 살고 있는 우리에게 남과 비교하지 말고 자기결정권을 가지고 당당하게 살아가는 것이 과연 쉬운 일인가?

인간이 사회적 기준(Social Comparison)을 버리는 것이 가능한 일인가? 2014년, 보겔(Vogel)과 그의 연구자들은 사람들이 페이스북 사용하는 시간이 길수록 자존감이 낮아진다는 연구를 보고한 적이 있다. 인터넷을 통해 통제가 불가능해진 시대에 인간의 시야를 가릴 수 있는 방법을 연구해야 할 판이다. 그런데 나만 눈을 감고 타인을 삶을 쳐다보지 않으면 행복해지는가? 사촌이 땅을 사든 땅을 팔든, 나는 땅이 없어도 되는가? 이 문제의 답을 풀고 싶다면 당신은 다음 두 가지를 나눠서 물어야 한다. 첫째, 나는 정말 땅이 필요한가? 가끔은 땅

자체가 필요하지 않는 사람들도 더러 있다. 자신이 땅을 소유해야 행복한 사람인지, 땅이 없어도 행복할 수 있는 사람인지 알아야 한다. 둘째, 나는 정말 땅이 없는가? 대개는 땅을 가지고도 쓰지 않고 살거나, 집이나 금을 가지고 있는데 악착같이 땅이 없다고 괴로워하는 사람들도 있다. 당신이 가진 능력을 재해석하고, 우리의 삶을 정확하게 보는 것이 자기를 파괴하지 않고 행복해지는 방법이다.

나를 내려놓다?

가끔 어떻게 하면 자신을 내려놓을 수 있는지 묻는 사람들을 만난다. "선생님, 제가 욕심이 많다는데 어떻게 하면 욕심을 내려놓고 나를 내려놓을 수 있을까요?" 나를 내려놓는다는 것이 정확하게 어떤 의미인지 나는 알지 못한다. 무아(無我)나 색즉시공(色卽是空)의 공(空)사상이 내게는 어렵기만 하다. 정확하게 말하자면 심리학에서는 자아를 찾고 흔들리지 않는 자기를 만들도록 돕는데, 그런 '나'를 없애라는 것이 말인가 막걸리인가?

불교에서 말하는 '나를 내려놓음'이란 공(空)하다는 것을 알아차리라는 말일 것이다. 이 세상 모든 것은 소멸에서 벗어날 수 없는데, 지금 내가 쌓는 재물이나, 한없이 바라는 욕망이나, 이런 것을 생각하는 나조차 소멸해 결국 아무것도 없음이 된다는 것을 알아차리면, 우리가 미련스럽게 붙잡고 있는 현실의 문제들이 아무것도 아님을 알게 된다는 것이다.

아무것도 아닌 것을 알아차렸다. 그러면 무엇을 해야 하는가? 역시 이 문제는 남는다. 모두 머리를 깎고 스님이 될 수는 없는 일이다. 그래서 이 말에 대한 적절한 수준을 심리학적으로 합의 본다면, 무엇을 원하고 있는 자신을 알아차리고, 그것을 왜 원하는지 알아야 한다는 정도 쯤 된다. 이 말이 더 어려운가? 그럼 예를 하나 들어보자.

아들이 의사가 되기를 간절히 바라는 어머니가 있다. 왜 아들이 의사가 되기를 원하느냐고 물어보면 당연히 의사는 존경도 받고 돈도 벌고 하니까 좋은 거 아니냐고, 누구나 의사가 되기를 바라지 않겠냐고 말할 수 있다. 그러면 "당신이 의사가 되지? 왜 아들이 되기를 바라냐"고 물으면, "나는 할 수 없으니 아들이라도 되라고 하는 거 아니겠냐"고 대답할 수 있다. 바로 그렇다. '내가 할 수 없으니 아들이 대신 했으면 좋겠다' 이게 조금이라도 더 진짜인 내 마음인 것이다. 그저 의사가 좋고, 아들이 의사가 되어야 한다는 생각에 빠지면 자신의 문제를 찾을 수가 없다. 의사가 되기에는 부족한 아들의 성적이, 비싼 사교육을 감당하기 어려운 현실이, 내 뜻대로 되지 않는 세상이 원망스러울 뿐이다.

그러나 "당신이 할 수 없으니 아들이 대신하라고 말할 수 있는가?" 이렇게 묻는다면, 이것은 아들의 문제도 세상의 문제도 아닌 내 문제가 된다. 아들에게 내 꿈을 이루도록 해도 되는가? 나는 왜 존경 받고 돈이 많은 사람이 되고 싶은가? 지금의 나는 무엇이 부족해서 그런 것을 가지고 싶어 하는 것인가? 진짜 내가 가지고 싶은 것이 무엇인가? 진짜 나는 누구인가?

04

욕망 속의 나

자아를 찾아
떠나는 그대에게

잃어버린 자신을 찾고자 하는 그대에게,

저는 운이 좋게도 성인이 된 후에 학교를 여기저기 오래 다녔습니다. 그 덕분에 다양한 수업을 들었는데 그 중에서 지금까지도 여전히 답을 찾고 있는 수업 과제가 하나 있습니다. 그것은 제가 마흔이 가까운 나이에 호주에서 대학을 다닐 때, 1학년 공통과목으로 들었던 철학 수업의 과제입니다. 한 학기 동안 내가 누구인지, 자신을 어떻게 증명할 수 있는지를 토론하고 마지막에 이에 대한 보고서를 제출하는 것이었지요.

처음에는 별로 어렵지 않다고 생각했어요.

– "기억이요, 사람들의 기억이야 말로 내가 누구인지 알려주는 것이 아닐까요? 기억 덕분에 우리는 어제를 이어서 계속 살고 있지 않아요?"

교수 A: "만약 기억을 상실했다면, 그럼 그 사람도 사라지는 건가요?"

– "DNA요, 죽은 사람도 DNA를 통해서 누구인지 밝힐 수 있잖아요"

교수 A: "최근 연구에 의하면 DNA도 환경에 의해 바뀐다고 해요. 또 내가 여러분의 DNA를 푼 게놈 지도를 펼쳐놓으면 여러분은 그것들을 보고 이 사람이 누구이고 어떤 사람인지를 말해 줄 수 있나요?"

– "가족이요, 제가 사랑하는 사람들을 통해서 내가 누구인지를 확인할 수가 있잖아요?"

교수 A: "그럼, 가족이 없는 사람들은 내가 존재하지 않는 사람들인가요?"

이런 식이었죠. 한 학기 동안 내가 누구인지를 어떻게 증명할 것인가에 대해 설왕설래가 오갔지만, 어떤 결론도 나지 못했고 보고서 기한이 다가올수록 나는 도저히 빠져 나올 수 없는 수렁에 빠진 느낌이었습니다. 그러다 나와 같은 고민에 빠진 또 한 사람이 있었다는 것을 알게 되었습니다.

프랑스의 수학자이자 철학자였던 르네 데카르트(1596~1650). 그는 어려서부터 학교에 간 시간보다 침대에 누워있던 시간이 많았을 정도로 병약했다고 해요. 침대에서의 사색 덕분에 위대한 철학자가 되었다는 얘기가 있을 정도입니다. 사실 오늘날 우리가 수학에서 쓰이는 좌표도 그가 침대에 누워 천정에 앉은 파리의 위치를 어떻게 표현할 것인가를 고민하다가 탄생했다고 하네요. 이처럼 수학에도 뛰어났던 그는 학구열이 강했던 스웨덴의 크리스티나 여왕의 간절한 초정으로 그녀의 철학 선생님이 됩니다. 그 수업이 새벽 5시에 있었는데 결국 스톡홀름의 새벽 찬공기로 인한 폐렴으로 죽음을 맞게 되죠.

젊은 시절의 데카르트는 어느 날, 눈이 많이 내린 산장에 고립되어 아무하고도 연락을 할 수가 없게 됩니다. 그 상황에서 나란 존재를 어떻게 규명할 것인가를 깊이 고민하게 됩니다. 그도 저처럼 수많은 것들을 떠올리다 부정적인 회의에 빠지지만 마침내, 의심하고 있는 자기 자신은 부정할 수 없다는 진리를 깨닫고 "생각한다. 고로 나는 존재한다."는 위대한 명제를 탄생시키게 됩니다.

저는 데카르트 덕분에 마지막 리포트를 쓸 수 있게 되었지만, 사실 이 질문에 대한 답을 찾기 위한 노력은 지금도 계속됩니다. "나는 나를 어떻게 규정할 수 있는가?, 나란 존재를 어떻게 증명할 것인가?"

데카르트와 같은 위대한 철학자가 아니더라도 우리는 늘 자신의 존재에 대해 알고자 갈망합니다. 자기 자신을 안다는 것이 왜 이리도 중요할까요? 물론 모든 사람이 자신을 알기 위해 애태우지는 않습니다. 사람들 중에는 이런 생각을 그리 심각하게 생각하지 않은 사람도 있고, 때로는 이런 주제 자체를 피하고 싶은 사람도 있습니다. 마찬가지로 기필코 그 답을 찾아야만 하는 사람도 있습니다. 타고난 본성에 자기발견의 유전자가 있는 사람은 반드시 이 질문에 빠져서 남들처럼 그냥 살아갈 수 없는 사람들이 있지요.

자신을 찾기 위한 여행을 떠나기 위해 짐을 꾸리고 있는 그대여,

타인의 이야기나 경험이 좋은 재료가 될 수도 있지만, 가장 튼튼하고 좋은 재료는 바로 자신의 경험과 깨달음입니다. 용기를 내서 새로운 도전을 시도하고 다양한 결과를 내는 경험을 통해서 점차 자신을 깨달아가는 것이지요. 자신이 누구인지 찾는 길은 긴 여정입니다. 당신이 그 과정을 즐기면서 간다면 그리 어려운 일만은 아닐 것입니다.

너는 누구냐?

새 학기가 시작되거나 새로운 모임에 가면, 곤혹스러운 일 중에 하나가 바로 자기소개이다.

모르는 사람들 앞에서 도대체 자신의 무엇을, 그리고 어디까지 이야기해야 하는지? 이만큼 고민스러운 일도 없다. 나란 존재를 이름과 나이, 직업을 말하고 끝내기에는 뭔가 모자라고, 가족을 말하기에는 너무 사적이고, 무슨 생각을 하고 사는 것인가에 대해 말하기에는 자리가 너무 무거워진다.

일단 이름은 필수이다. 그런데 이름이 자신에 대해 말해

주는 정보가 그다지 많지 않으니, 어쩔 수 없이 다른 사항 한 두 개 정도는 덧붙여줘야 한다. 역시 우리나라 사람들에게 빠지지 않는 것 중 하나는 나이이다. 어릴 때는 왜 이리 나이에 집착할까 싶었지만, 지금 생각해보면, 이 간단한 숫자는 생각보다 많은 정보를 준다. 어느 시대에 태어나 어떤 삶을 살았는지를 대략 짐작할 수 있게 할 뿐만 아니라 굵직한 역사적 사건들을 공유했다는 것만으로도 금방 친근감을 형성한다. 88 올림픽 때 강제로 동원되어 학교 수업을 빠졌다는 둥, 2002년 월드컵 때는 어디에 있었고, 수능 세대니 학력고사 세대니 이런 것만으로도 나란 존재가 어느 정도 윤곽을 드러낸다는 사실은 서글프긴 하지만, 어쨌든 나란 존재에서 국가와 민족이 빠진다는 것은 아직까지 한국인에게는 어려운 일이다. 나이는 자신의 과거를 일순간 보여주는 중요한 정보이자 현재의 위치를 매기는 서열화가 중요한 모임일수록 확실한 정보 제공원임에는 분명한 것 같다.

그 다음으로 아마 직업을 떠올릴 것이다. 학생의 경우라면 학교나 전공이 될 테고, 사회생활을 하는 성인의 경우라면 어떤 일을 하는지, 소속과 직업군을 말하게 된다. 이쯤 되면 우리는 그 사람에 대한 파악이 어느 정도 끝났다고 본다. 그 나이에 어떤 학교를 나오고 어떤 직업을 가졌다는 것만으로 사람들은 그를 어떻게 대할 것인가를 결정한다. 이때 직업에 귀천이 없다는 말은 현실성이 떨어지는, 책에서만 통용되는 문구가 된다.

여기에 굳이 하나를 더 보태자면 결혼의 유무 정도? 이름을 제외하고, 나이, 직업, 결혼의 유무, 이 세 가지와 그 사람의 차림새만으로도, 당신이 40을 바라보거나 혹은 그 이상의 나이라면 대략 이 사람이 어떤 사람인지 알 수 있다. 만약 이 지점에서 고개를 끄덕이는 사람들이 많다면, 이 사실은 슬프게도 한국 사회가 다양성이 존재하기 힘든 사회인가를 잘 보여주는 명확한 근거가 되는 것이다.

안 들어도 다 압니다

심리학에서 행해지는 다양한 성격유형 검사를 한국인들은 유독 잘 맞는다고 믿는다. TV에 나오는 드라마나 실화를 재연한 프로그램에도 마치 자신의 일처럼 뜨겁게 반응한다. 그리고 점쟁이가 하는 말은 어쩜 하나같이 맞는지 고민이 생길 때마다 습관처럼 찾아가게 된다. 우리의 삶이 얼마나 단순하고 다양하지 못하면 선무당이 사람 잡아도 마치 자신의 이야기인 것처럼 들을 수밖에 없는 것이 우리의 현실이다. 그러면 외국의 경우는 좀 다른가? 실제로 한 모임에서 자신의 나이와 직업, 결혼 사실을 밝힌 사람이 있더라도 이름을 포함한 네 가지 사항만으로는 이 사람에 대해 가늠하기가 힘든 경우가 더 많다.

예를 들면, 내가 아는 남아프리카 출신의 50이 넘은 뇌 전문의 마이클은 사계절 찢어진 청바지에 티셔츠를 입고 다니는데 만날수록 다양하고 재미있는 이야기들이 새록새록 나온다. 마이클은 어린 시절을 케이프타운에서 보냈고 하버드에서 의학을 전공하고, 독일인 갑부의 딸을 만나 결혼을 하고, 짬짬이 요트로 세계를 여행하다가 호주의 호바트라는 아름다운 도시에 반해 정착을 했다. 엄마를 많이 닮은 큰 딸은 캔버라에서 정치외교학을 공부하고, 아빠를 닮은 아들은 미국에서 공부를 하고 싶어 하는 고등학생이다. 마이클은 일본 합기도를 하면서 인간의 육체와 정신에 관해 이해하려고 노력하는 사람이다. 그는 뇌 전문의이지만 막상 누군가가 쓰러지면 119를 제일 먼저 부르는 사람이고, 잔디밭에 누워 포도주를 마시면서 친구를 놀려 먹기를 좋아한다. 이 친구와 만나면 새로운 이야기가 끊이질 않는다.

반면에, 50살이 넘은 양복 차림의 성형외과 의사 한국인

김모씨는 매일 하는 일상의 일도 지겹고, 아이들과는 무슨 이야기를 해야 하는지 모르겠고, 부인과는 대화를 안 한지 너무 오래 되어서 같이 있는 게 불편하고, 사는 게 재미없다고 한다. 충분히 공감이 된다. 듣고 있는 내가 재미가 없어질 정도니 본인은 오죽하겠는가 싶다.

이쯤 되면 참 기가 막힐 것이다. 그런데 더욱 기가 막히는 일은 우리 사회를 이처럼 재미없고 뻔한 사회로 만드는 것이 바로 우리 자신이라는 것이다. 사람들은 그 사람의 아파트 평수와 자동차 종류와 직업을 알고자 하지, 그 사람에 대한 다른 이야기들은 별로 궁금해 하지 않는다. 굳이 궁금하다면 그 사람이 누구랑 바람을 피웠는지, 어떻게 돈을 벌었는지 정도이다. 우리가 가장 궁금해 하는 것이 그 사람이 가진 부의 정도이기 때문에 이것은 다음 세대에게 치명적인 유산을 남긴다. 아이들을 앞 세대의 가치를 그대로 따라 배워 살고 있는 아파트 평수로 친구를 구분하게 될 것이다.

20년 전, 아들을 월 이백만원짜리 영어 유치원에 보낸다는 친구가 한 말은 이미 우리 사회에서 부를 기준으로 한 계층화가 빠르게 진행되고 있다는 것을 여실히 알려주고 있었다. "200만원은 아이에게 투자하는 실질적인 교육비가 아니야. 그건 아무나 들어오는 것을 막는 사회적 울타리 같은 거지. 매달 200 정도를 유치원비로 낸다는 건 그 가정이 경제적으로 괜찮다는 걸 증명하는 거지. 그런 집 아이들이 모여서 같은 유치원을 다니고, 같은 학군에서 공부하고, 그렇게 친구로 커서 사업을 하면 비즈니스에 좋은 인맥이 되는 거야." 결국 부에 대한 서열화는 세습화를 거쳐 사회 계층을 나누면서, 부의 추구라는 획일화되고 재미없는 가치를 선봉에 내세워 사라진 신분제도를 부활시킬 것이다.

당신이 바라는 세계가 엄격한 신분제도 하에서 나이, 직업, 결혼, 옷차림만으로도 어떤 사람인지 알 수 있는 세상이 아니길 바란다면, 부와 학벌로 이루어진 이야기가 아닌 자신의 이야기 속에 숨어있는 작고 사소한 것들을 찾아 소중하게 다루어야 한다. 그렇다면 그걸 배우고 경험한 다음 세대는 우리 세대보다 조금 더 재미있는 날들을 살게 될 것이다.

나를 구성하는 요인

저는 올해 35세이고, 미혼이고, 경기도 남양주에 살고, 직장은 서울에 있어요. 요리하는 것과 여행을 좋아합니다. 이런 것들이 나를 드러내는 요인들인가? 아니면 이름, 나이, 사회적 지위, 직업, 가족, 학력을 모두 빼고 남는 나가 참된 나인가? 아니면 이런 것들이 모여서 이루어진 나가 참된 나인가?

여기 방금 구운 빵이 있다. 이 빵은 밀가루, 버터, 설탕, 이스트, 계란, 물로 이루어져 있다. 우리라는 존재도 나이, 가족, 취미 등 나를 이루는 요인들이 있다. 그러나 밀가루와 버터, 설탕 등의 재료들이 있다고 빵이 되지는 않는다. 빵이 되기 위해서는 이 재료들을 잘 반죽하여 적당한 온도와 시간 동안 구워야 한다. 마찬가지로 우리 자신은 나를 둘러싼 많은 요인들이 반죽된 밀가루처럼 결합하여 적당한 온도와 시간을 가지며 성장하고 발전한다. 그러나 구워진 빵이 완제품이 되어 나왔다고 우리의 인생이 거기서 끝나는 것은 아니다. 어느 장소에서 누구와 어떻게 먹을지는 또 다른 문제이고, 실제로 이에 따라 빵맛은 전혀 다르게 느껴질 수 있다.

우리의 삶도 이와 마찬가지이다. 우리를 이루는 것이 무엇인가 하는 질문에 나이, 직업, 성별 이런 것들은 빵의 재료와 마찬가지일 것이다. 좋은 빵을 만들기 위해 좋은 재료가 중요하듯이 나란 존재를 이루는 이런 재료들이 중요한 것은 분명하다. 만약 밀가루가 아니라 쌀가루를 넣으면 다른 빵이 되는 것처럼 나의 학력이 바뀌면 다른 빵이 될 것이다. 그러나 빵의 재료만을 가지고 우리가 그 빵을 논하지 않는 것처럼 우리의 존재는 스펙만으로 우리 자신이 되지는 않는다. 잘 숙성된 빵이 적당한 온도와 시간이 필요하듯이 우리도 우리가 가진 요인들을 가지고 성숙하여 각자의 맛을 낸다. 그러니 당신이 누구인가? 나는 누구인가? 라는 질문에 대한 답은 당신이 무엇을 알고자 하느냐에 따라, 무엇을 알려주고 싶은지에 따라 달라질 수 있다.

우리가 가진 다양한 가치가 그 속에 녹아 있을 때, 그것이 나의 일부로 명확해지는 것이다. 만약 페인트칠을 좋아하는 당신이 색깔에 대한 지식을 가지고 고객들의 요구에 맞게 색감을 추천하며 자부심을 가지고 그 일을 한다면 당신의 직업은 당신이란 존재를 나타내는 데 있어 쓸모 있는 재료가 된다. 그러나 당신이 그 일을 그저 먹고 살기 위해서 한다면 그 일은 당신을 나타내는 데 있어 '지금의 일을 싫어하는' 정도의 참고 자료로 쓰일 뿐이다. 결국 우리가 누구인지를 나타내는 것은 우리가 가진 직업이 아니라 우리가 가진 직업에 대한 가치와 생각, 방식이 되는 것이다. 그렇다면 내가 어떤 집에 살고, 어떤 차를 소유하고, 언제 결혼을 했느냐 이런 객관적 자료가 주는 정보보다 내가 그 집과 차와 결혼에 대해 어떤 생각과 가치를 부여하는지 이 문제가 더 중요한 부분이 된다.

그런데 만약 사람들이 객관적 수치에 더 많은 관심을 가진다면 정작 결혼이 내 삶의 어떤 의미를 가지는지를 깨우치기보다 쉽게 나를 표현할 수 있는 객관적 자료에 더 열을 낼 수 밖에 없을 것이다. 따라서 배우자의 직업과 신혼집의 평수와 결혼반지의 크기가 중요해진다. 이런 세태가 싫다면, 우리 스스로가 객관적이라고 믿고 있는 이런 자료를 수집하는 일보다 각자가 자신의 일에 부여하는 가치와 삶에 대한 생각에 더 많은 관심을 기울여야 한다.

나를 들여다보기

나를 들여다보는 것에 대해서 다음 세 가지를 생각해 보아야 한다.

첫째, 우리는 제대로 보아야 하는 것을 보고 있는가? 엉뚱한 것을 보고 있지는 않은가?

아이가 숙제를 안 했다. 이 아이를 보고 "너는 숙제를 안 하는 사람이구나." 이렇게 말할 수 있을까? 정답은 '땡! 절대로 그렇게 말할 수 없다'이다. 그 이유는 숙제를 안 하는 것에 아이가 가진 고유의 성향이 반영될 확률이 생각보다 많지 않기 때문이다. 숙제가 있다는 자체를 잊어버렸거나, 알지만 안 하겠다고 처음부터 마음을 굳게 먹는 경우보다는, 숙제를 하려고 했더니 정전이 되거나, 숙제 종이를 잃어버렸거나, 식구들이 저녁을 먹으러 다 같이 나가거나, 동생이 내 가방을 뒤져서 노트를 찢었거나, 그런 동생을 야단치지 않고 가방을 잘 챙기지 못했다고 나를 야단치는 엄마를 뒀거나, 엄마는 유투부 동영상에, 동생은 컴퓨터 게임에, 아빠는 골프 채널에 빠졌는데 나만 숙제를 해야 하는 부당한 환경이 아이의 숙제 성공률을 좌우하는 경우가 더 많다. 그러니 숙제를 했냐 안 했냐는 결과가 그 아이의 특성이 되는 것이 아니라, 숙제를 안 한 다음 아이가 취하는 행동이 그 아이의 속성을 더 잘 보여주는 것이 된다

어떤 이유에서든 숙제를 하지 않았다고 하자. 아이는 엄마에게 이 사실을 말하고 선생님께 대신 전화해 달라고 말할 수 있다. 엄마에게는 말하지 않고, 그냥 학교에 가서 안 했다고 말하고 처벌을 받을 수도 있다. 사실대로 말하고 남아서 숙제를 하겠다고 제안을 할 수도 있다. 안 했으니까 배 째라고 반항을 할 수도 있다. 아예 학교를 가지 않을 수도 있다. 숙제를

했는데 안 가져 왔다고 거짓말을 할 수도 있다. 아무 말도 하지 않고 묵비권을 행사할 수도 있다.

이처럼 문제에 대응하는 아이의 행동과 태도가 아이의 속성을 더욱 분명히 반영한다. 이 말은 우리가 사람들을 볼 때, 어느 대학을 졸업하고 어떤 직장을 가진 사람이라는 식으로 결과의 산물로 받아들이는 습관을 버려야 한다는 것이다. 시험 기간이면 방문을 걸어 잠그는 어머니의 통제력과 사교육에 대한 정보력으로, 할아버지의 재력으로, 아버지의 무관심으로 하버드 법대를 나온 사람에게 당신이 꿈꾸는 아름다운 사랑을 찾을 수 있겠는가? 그가 하버드 법대 출신이라는 결과보다 왜? 어떻게 갔느냐는 그 과정이 그를 제대로 알 수 있는 더 중요한 단서가 되는 것이다.

진짜 '자신'은 결과물이 아닌 그것을 위한 과정에서 보이는 '나의 속성들'이 가지고 있는 것이다. 잘 나가는 상황에서 사람들에게 보이는 멋진 내가 아니라 가장 힘든 순간에, 어느 누구의 도움이 아닌 오롯이 나 혼자만의 힘으로 해결해야 할 때, 그때 드러나는 나가 참된 나이다. 그러니 고난을, 역경을, 실패를 너무 두려워하지 말라. 참된 나를 알 수 있게 하는 기회이다.

둘째, 타인을 보는 것에 너무 신경을 쓰느라 정작 자신을 발견하지 못할 수 있다.

우리의 눈은 바깥을 향하고 있어 타인을 바라보기는 매우 쉽다. 특히 가까운 사이일수록 그들이 가진 문제는 마치 나의 문제의 원인이 된다고 오판하기 쉽다. 매일 늦게 들어오는 남편 때문에 화가 난다고 하자. 화가 나는 것은 내 문제이고, 늦게 들어오는 것은 남편의 문제이다. 그런데 나는 남편의 문제로 화가 난 나를 보게 된다. 이렇게 되면 남편이 일찍 오기만 하면 나는 아무 문제없이 행복해질 거라고 생각할 수 있다. 이것은 완전한 착각이다. 만약 남편이 매달 정확한 날짜에 700만원씩 당신의 통장에 넣어주고, 아무런 간섭도 하지 않고, 한 달에 한 번씩만 집에 온다고 하자. 그러면 당신은 더 많이 화가 날까? 완전 땡큐일까? 타인의 문제에 가려진 진짜 내 마음을 보는 것은 이기적인 속내를 들키는 것 같아 불편한 일일 수 있지만, 이대로 계속 타인의 허물만 바라보다가는 결국 자신이 무엇을 원하는지, 무엇을 하고 싶은지조차 모르는 사람이 될 가능성이 있다.

남편이 늦는 게 왜 싫고 화가 나는가? 나는 남편이 미워져 이제는 그가 하는 모든 행동은 무조건 싫어서 화가 나는가? 나는 자상한 아빠에 대한 추억이 없어서 우리 애들만큼은 일찍 들어와 놀아주는 아빠를 갖기를 원해서 화가 나는가? 남편이 친구들과 어울리며 쓸데없이 돈을 낭비하는 것 같아 화가 나는가? 매일 늦게 들어와 피곤하다, 아프다, 이러는데 집에만 있는 나에게 돈을 벌어오라는 소리처럼 들려서 내가 예민하게 반응하는 건가? 나만 억울하게 집안에 처박혀 시간을 보내는데 남편은 자기가 하고 싶은 일 다 하면서 자유로운 것 같아 화가 나는가? 심리학은 남편이 아닌 당신을 알고자 한다. 도대체 당신 마음의 어떤 것이 남편의 말과 행동에 자극을 받는 것인지 알고 싶다. 인생에 대한 권태인가? 어린 시절 아버지에 대한 부재인가? 돈에 대한 욕망인가? 열등감인가? 억울함인가?

셋째, 나를 드러내는 것은 당신의 생각보다 훨씬 작은 규모의 것들이다. "부모의 사랑을 어떻게 느끼는가?"에 대한 아이들의 말을 들어보면, 자신을 바라보는 따뜻한 눈빛, 부드러운 손길, 살짝 보이는 미소, 괜찮다는 말 한마디 이런 작고 소소한 것들이 사랑을 느끼게 한다고 말한다. 그래서 그들은 "그냥 보면 알 수 있는데." 그걸 모르는 어른들이 이상할 뿐이다.

내가 누구인지를 계속 묻고 찾아가야 하는 것은 바로 이런 사소한 것들을 찾는 것이다. 내가 사람들과 이야기할 때 쓰는 말투, 눈빛, 작은 손짓과 표정, 이런 것들이야 말로 참된 나이며 우리의 삶을 바꾸는 원동력이다. 아주 커다란 것들에 의해 우리의 삶이 변화는 것이 아니라, 아주 작은 차이로 우리의 인생이 달라진다는 것을 알아야 한다.

소크라테스 선생님의 '너 자신을 알라'는 말이 나이가 먹을수록 진리임을 새삼 깨닫는다. 내가 가진 사소한 행동과 말투를 안다면 소 선생님처럼 역사에 빛나는 철학자가 되어 민족과 언어를 뛰어넘는 명언을 남기지는 못하더라도 최소한 당신의 정신이 풍요해지는 경험은 할 수 있다. 그리고 당신의 풍요한 정신은 작지만 아름다운 몸짓으로, 눈빛으로 변하여 당신의 주변에 있는 사람들에게 사랑하는 마음을 가지게 할 것이다.

당신의 1순위는 무엇입니까?

"당신의 1순위는 무엇입니까?" 한 번도 생각해 본적이 없다면 그럼 이제부터 생각해 보자.

인간은 한정된 시간에 한정된 자원에서 살고 있기 때문에 결국 무엇을 먼저하고, 나중에 하느냐, 어떤 것을 포기하고, 어떤 것은 포기 하지 못하느냐의 순위가 우리의 삶을 결정한다. 예를 들면, 남들에게 예쁘게 보이는 게 1순위인 사람은 보고 싶은 친구가 있어도, 화장을 안 했다면, 마음에 드는 옷이 없다면 친구를 만나러 가지 않을 것이다. 또 남들에게 잘 사는 것을 보여주는 것을 1순위로 삼는 사람 역시, 자신의 형편이 좋지 않다고 생각하면, 절대 친구를 만나는 자리에 나가지 않을 것이다. 하지만 친구가 가장 소중하다고 생각하는 사람은 무엇을 입었든, 어떤 형편이든 친구를 만나러 갈 것이다. 이렇게 본다면, 우리가 지금 살고 있는 모습은, 나의 1순위들이 결정한 생각과 행동의 결과들이다. 세상을 12년 이상 살았다면, 이제 자신의 1순위가 무엇인지 정도는 생각해 보아야 할 때이다. 왜냐하면 이것도 연습이 필요한 일이기 때문에 일찍 시작할수록 좋다.

바뀌는 1순위도 있고, 가짜 1순위도 있다. 노는 것에 자유롭지 못한 사람은 무한정 놀고 싶은 것을 자신의 1순위로 생각할 수 있다, 하지만 실컷 놀고 있는 상황이라면, 그 사람의 1순위는 다른 무엇이 될 것이다. 놀고 싶다는 것은 일시적인 욕망일 뿐이지만, 여기서 말하는 인생의 1순위는 단순한 욕망보다는 좀 더 복잡하다. 그것은 좀 더 성숙한 자세로 자신을 분석하여 내가 원하는 것이 무엇인지, 또한 해야 하는 것이 무엇인지, 나의 능력을 어떻게 키울 것인지, 이런 것들과 밀접한 관련이 있다. 일로 따지자면 사명감일 것이고, 인생으로 따

쳐보자면, 인생관, 가치관, 자기 철학 정도가 될 것이다.

가족이나 친구들과 함께 서로의 1순위가 무엇인지 이야기를 나누어 보라. 서로의 1순위가 무엇인지 궁금하지 않은가? 단, 여기에는 정답도 없고, 1순위는 변할 수 있는 것이기 때문에 상대가 어떤 말을 해도 수용하기를 바란다. 설혹 당신의 배우자나 자녀가 게임이 1순위라 하여도, "그래, 나는 게임이 1순위가 되는 세상이 올 줄은 꿈에도 몰랐네, 그럼 네가 결혼을 해서 부모가 되면 무엇이 1순위가 될까?" 혹은 "네 생각에 엄마나 아빠의 1순위는 무엇일 것 같니?" 당황하지 말고, 걱정하지 말고, 이렇게 물어보면 된다. 성숙한 자아를 가진 당신은 유순한 귀를 열고 평온한 마음으로 들어줄 수 있을 것이다.

당신도 자신의 1순위가 무엇인지 헷갈릴 것이다. 당신의 1순위는 가족인가? 부인가? 명예인가? 서로의 1순위를 듣게 되더라도 비난하거나 평가하지 않고 있는 그대로 들어주는 것도 자아를 성숙시키는 방법이다.

가치에 대한 오해

너무나 다양한 모습과 입장과 특이성을 동시다발적으로 가진 당신이 자신을 규정하기 위해 가장 핵심적인 것 중 하나가 바로 자신이 가장 우선시하는 가치를 이해하는 것임을 알았다. 그런데 사람들은 일반적으로 소박한 행복, 가족, 건강, 자아실현 이런 것들이, 부, 명예, 권력 등의 가치보다 중요하다는 잘못된 믿음을 가지고 있다. 사실 이들은 모두 대등한 가치를 가지며 그 획득에 드는 한계비용은 모두 같다고 보는 것이 더 현실적이다.

예를 들어, 당신이 건강을 위해 매일 4km를 달릴 때 소모되는 시간 자원과 에너지는, 경제적 부나 명예를 얻기 위한 비용에서 일부를 사용하거나, 화목한 가족 관계를 유지하기 위해서, 사회적 인맥을 쌓기 위해서 사용할 자원의 일부를 지불하는 것이다. 이것은 마치 아마존 숲을 파괴하면 경제적 이득을 얻을 수는 있지만, 자연을 파괴하는 대가를 지불해야 하는 것과 같다. 그리고 이들의 가치는 어느 것이 더 중요하고 덜 중요한지 쉽게 결정할 수가 없다. 아마존 밀림을 개발할 것인가는 결국 브라질이 처한 상황에 의해 결정할 문제이듯, 교육에 더 많은 세금을 사용할지 국방에 더 많은 세금을 사용할지는 각 국가가 처한 상황에 따라 다른 것처럼, 우리 개개인은 자신에게 가장 필요하고, 자신이 가장 원하는 가치를 1순위로 두고 나머지 가치들 역시 순차적으로 우선순위를 세우면 된다.

그런데 많은 사람들이 절대적으로 우월한 가치가 있고, 모든 가치를 다 가질 수 있다고 믿는다. 이것은 다음 두 가지 심리적 오류에서 기인할 수 있다. 첫째, 현재 자신이 가지지 못한 가치가 모든 불행의 원인이라고 믿기 때문이다. 따라서 가지지 못한 가치만 성취하면 모든 문제가 해결될 것이라고 믿는다. 경제적 부가 있으면 가족 간의 갈등도 해결될 것이고, 인정도 받고, 자아실현도 할 수 있을 것만 같다. 따라서 지금 내가 불행하고 가족들이 화목하지 못한 것은 돈이 없어서라고 생각하지, 자신이 가진 화법이나 생활 태도의 문제가 아니라고 생각한다. 경제적 부의 성취와 가족의 갈등은 전혀 다른 차원의 문제일 수 있는데 이를 부족한 돈 때문이라고 믿는 오류를 범하기 쉽다.

둘째, 내가 원하는 가치를 가진 타인의 삶을 바라볼 때, 마치 그들이 모든 것을 가진 것처럼 보이기 쉬운데 이것은 타인의 고통을 이해하기보다 사람들이 가진 현실적 조건들이 우리에게는 더 쉽게 이해되기 때문이다. 좋은 대학을 입학한 아들을 둔 친구를 보거나 잘 나가는 회사를 경영하고 안정적인 수입을 가진 남편을 둔 친구는 이 세상에 부러울 것이 하나도 없이 사는 것처럼 보인다. 누구나 부러워하는 명문대를 간 자식이 있어도, 남편이 대기업 총수라 하더라도 정작 본인은 우울증과 불면증으로 괴로워하는 삶을 살 수 있다는 것은 생각하기 힘들다. 가족의 삶으로 자신을 채우는 것이 당신의 생각처럼 그리 만만한 일은 아니다. 가끔 우리는 너무나 행복해 보이는 연예인 부부가 이혼을 하는 것을 보면서 정작 이혼을 하는 당사자들보다 더 충격에 빠질 때가 있다. 이것은 그들이 겪는 내적 고통이나 어려움보다 현실적 조건들에 대해서 더 명확하게 인식하기 때문이다.

욕망이나 욕구, 가치관 어떤 이름으로 부르든 타인이 아닌 자신이 가장 중요하다고 생각하는 혹은 가장 이루기를 원하는 가치의 순위를 세워야 한다. 모든 것이 다 중요해 보이지만 실제로 개인을 가장 쉽게 흔드는 욕망은 저마다 다르다. 자신의 가장 예민한 욕망을 충족해야만 평온함을 얻을 수 있고, 다른 가치나 행복에 더 쉽게 접근할 수 있다.

그런데 일반적으로 학교 교육이나 예술 분야, 대중 매체 등은 가족, 사랑, 믿음, 이런 추상적 가치가 물질 가치보다 더 고귀하고 우선적이라고 가르친다. 이로 인해 발생하는 심리적 오류에 대해서는 거의 무지한 수준이다. 부를 추구하는 욕망과 사랑의 가치는 절대적 우위를 판가름할 수 없고 이는 오롯이 그것을 선택하는 개인의 문제이다. 어떤 사람은 하루 두 끼에 곰팡이 핀 월세방에 살아도 사랑하는 사람과 같이 있으면 된다고 생각하지만, 어떤 사람은 그건 사랑이 아니라고 말할 수 있다. 어떤 것이 진짜 사랑인지는 오로지 자신이 결정할 문제이지 TV 드라마나 소설, 영화, 유투브의 영상들이 가르칠 문제는 아니다. 오늘날 대중매체가 생산하는 것은 서로 다른 선택에 대한 존중이 아니라 나와 다름에 대한 성급한 비난일 가능성이 더 많다. 이들을 참고하는 것은 좋지만 자신을 들여다보고 자신이 가장 추구하고자 하는 가치를 이해하는 노력을 멈춰서는 안 된다.

만약 당신의 행동과 결정들, 타인의 관계나 사회 현상들에 대한 생각들을 잘 분석하여 자신의 1순위가 경제적 부라면 그것을 받아들여라. 부는 사랑의 가치와 대등하며 당신은 부라는 도구를 사용하여 2순위에 있는 당신의 사랑을 완성시킬 수 있기 때문이다. 다만, 그것이 가진 부정적 측면도 이해하고 받아들여야 한다는 것을 명심해야 한다. 모든 것이 유기적으로 연결되어 있기 때문에 내 욕망의 부작용을 충분히 예상하고 있어야 욕망들 간의 충돌이 적을 뿐만 아니라 타인과의 관계도 원만할 수 있다.

당신이 스스로의 가치와 자신을 규정하는 데 있어 타인의 삶은 참고 사항일 뿐이다. 교육과 대중 매체가 만들어 낸 규범화되고 획일화된 가치에 자신의 인생을 베팅하는 일은 없어야 한다.

물질 재화에 대한
욕망과 자아

우리는 이미 누구나 삶의 롤러코스터를 타고 있다는 것을 알기 때문에 인간이 돈만으로는 행복할 수 없으며, 모든 걸 다 가진 것처럼 보이는 사람도 우울증 약을 먹을 수 있다는 것을 알고 있다. 그럼에도 왜 우리는 왜 이러한 물질적 재화들을 한없이 가지길 원하는가? 그것은 우리가 충분히 소유하지 못했다고 믿기 때문에 이에 대한 우리의 갈망은 쉽게 멈추지 않는 것이다. 많은 사람이 물질을 소유하려는 욕망에서 벗어나 정신과 내면의 성장을 바라지만, 우리의 삶은 이것을 그리 쉽게 허락하지 않는다. 산업화된 자본주의 사회에서 자본이 취약한 사람이 부를 성취하거나 사회적 성공을 이루는 신화는 생각보다 어려운 일이다.

사실 물질적 부의 축적에 있어 가장 큰 문제는 당신이 만족하는 부의 성취를 이루는 것이 너무 오래 걸리면, 당신이 진정 즐길 수 있는 인생의 시간이 너무나 짧다는 것이다. 당신이 원하는 만큼의 부를 이루고 이제 경제적 가치가 아닌 자신을 행복하게 만들어줄 다른 가치를 찾으려고 하는데, 어느새 70이 되었고, 그 시간 동안 당신의 가족과 친구들은 당신에 대한 마음을 접었다면, 당신은 행복한 가족 여행, 혹은 스쿠버 다이빙이나 암벽 등반, 남극에서 1년 간 살아보기, 이런 항목들을 당신의 버킷 리스트에서 제외해야 할 가능성이 높다.

정직한 방법을 사용하더라도 무엇을 이루기 위해서는 반드시 대가를 지불해야 한다. 그리고 우리가 잊기 쉬운 것은 나란 존재를 이루는 모든 것들이 유기적으로 반응한다는 것이다. 어리석게도 우리는 꿈을 꿀 때, 내 주변의 다른 것들을 무생물처럼 고정시키고 생각하는 경향이 있다. 내가 성실하게 돈을 버는 동안 가족과 함께 즐길 시간은 기회비용으로 지불해야 하며, 내 육체의 피로감과 나의 시간도 당연히 지불해야 하는 몫이다. 당신은 노력으로 부를 얻을 수 있지만, 동시에 육체의 노화와 가족 간의 단절이라는 의도하지 못한 부정적 결과물도 가지게 될 것이다, 결국 우리는 하나를 잃고 하나를 얻을 뿐이다

지금 당신이 이름 없는 대학을 나와 별 볼일 없는 직장을 다니고 있다고 믿는다면, 당신은 이 하찮은 삶으로부터 해방될 수 있는 황금 열쇠를 찾고 싶을 것이다. 그것은 결혼, 더 높은 학위, 주식투자, 로또, 인맥 이런 다양한 방법에 대한 심사숙고가 될 수도 있다. 그러나 로또나 결혼, 주식으로 신분 변화를 꿈꾸기에는 그 성공률이 너무 낮거나 이로 인한 이차적 문제들이 발생할 위험도가 매우 높다는 것을 알아야 한다. 주식으로 돈을 벌기 위해 엄청난 돈을 잃을 수 있다는 기회비용을 감수해야만 한다. 결혼으로 신분상승을 꿈꾼다면 다중인격의 배우자를 만나거나 결혼한 집의 파출부로, 아이를 낳고 키우는 유모로 살 가능성이 크다는 것을 알아야 한다.

경제적 부에 대한 욕망 자체가 잘못된 것이 아니라 그 욕

망이 너무 강렬하면, 선택에 따른 대가의 위험을 간과할 수 있다는 것이다. 그리고 그 위험은 상처받고 파괴된 자아나, 원하지 않은 삶을 살고 있지만 무엇이 잘못된 것인지 알지 못하는 수렁에 빠진 느낌의 텅 빈 자아를 가진 사람일수록 더 매혹적으로 보인다. 만약 당신이 성숙한 자아를 가지지 못했고, 자아의 확립이 불완전한 상태라면 더욱 주의해야 한다. 왜냐하면 이런 경우일수록 타인에게 의존하여 자신의 문제를 해결하고자 하는 욕망이 크고, 이로 인해 반드시 가장 믿었다고 생각하는 사람으로부터 상처를 받기 때문이다.

따라서 확률이 낮은 막연한 것들에 희망을 갖는 것보다 내가 가진 것을 철저히 점검하고 구체적이고 실천적 자원으로 활용하는 것이 최선일 수 있다. 이때 자신이 사용할 수 있는 사회적 자원들을 잘 활용하는 것도 중요하지만 무엇보다 자기 자신이 가장 큰 가치가 될 수 있다는 것을 잊지 말자.

자신이 가진 자원을 충분히 발견하고 활용하여 자아를 성장시키는 것의 또 다른 이점은 설혹 당신이 원하는 부를 얻지 못하더라도 튼튼한 자아는 그 자체가 풍요함을 생산하는 능력을 가졌다는 것이다. 오늘날 사회적 문제로 번지고 있는 접속 중독 역시 충족되지 못한 자아의 상실을 타인으로부터 채우려는 욕망에서 기인한다고 볼 수 있다. 현실에서 이루어지는 사람들 사이의 관계가 점점 어려워지는 반면, SNS를 통해 맺어지는 관계는 훨씬 가볍고 시간과 장소라는 물리적 한계를 벗어날 수 있기 때문에 사람들은 점점 접속에 중독된다. 만약 당신의 자아가 튼튼하다면 외부의 요인에 덜 흔들리기 때문에, 휴대폰을 손에서 놓지 못하는 일도, 타인에게 보여주기 위해 삶을 장식하는 일도 덜할 것이다.

따라서 여기서 제안되는 바는 나란 존재를 이루는 구성 요인을 결정하는 것은 당신 자신의 가치여야 하며, 그것을 구성할 때, 당신과 연관된 모든 요인들은 살아있는 유기물로 당신의 변화와 함께 반응한다는 것을 잊지 말라는 당부이다. 만약 당신이 십 년 안에 경제적 부의 성취와 가족이라는 두 가지 요인을 함께 가지고자 한다면, 그것은 부 혹은 가족 하나만을 목표로 하는 삶보다 두 배 이상 어렵다. 그런데 문제는 또 있다. 매우 어렵게 가족과 재력 두 마리 토기를 다 잡았다고 생각했는데, 어느 날 당신은 부인으로부터 이혼을, 자녀로부터 내 인생에 간섭하지 말라는 통보를 받을 수 있다. 왜냐하면 당신이 잘 하고 있다고 믿는 관계가 그들에게 소통될 확률은 그리 높지 않기 때문이다.

그러면 도대체 어떻게 하란 말인가? 수많은 경우의 수에 둘러싸여 의도하지 않은 인생의 롤로코스터를 탄 우리에게 필요한 것은 어떤 생황에서도 행복할 수 있는 자아로 성숙하는 것이다. 직업을 잃고, 부인이 이혼을 요구하고, 아이가 자기 인생에서 꺼져 달라고 할 때, 우리는 세상에서 모든 것을 잃은 불행한 사람이 아니라 여전히 행복한 사람이 될 수 있어야 한다. 이런 태도를 선천적으로 타고난 사람들이 몇 부류가 있다. 일반 사람들보다 월등히 긍정적이거나 문제해결력이 뛰어나다면, 별다른 노력 없이도 당신은 금방 행복해지는 법을 만들거나 행복할 수 있는 자아를 발견할 수 있다. 그러나 만약 자신이 쉽게 우울하고, 모든 일에 짜증이 나거나, 문제 해결력이 떨어진다면, 당신은 당신의 인생에서 가장 건강한 자아를 가진 지금부터 당신의 말과 행동을 들여다보며 꾸준히 행복해지는 법을 연습해야 한다.

05

관계 속의 우리들

부모 때문에 마음이 아픈 사람들에게

어릴 때는 부모를 포함한 내가 처한 상황이 자신을 불행하게 만든다고 생각합니다. 이 생각을 바꿀 기회를 만나지 못하면 현재의 불행도 과거에서 연유한 것이라 믿게 됩니다. 내가 아무것도 모르는 연약한 존재일 때, 부모는 왜 정성껏 돌봐주지 않아서 지금까지 나는 그 상처를 가진 채 살아야 하는가? 부모를 원망하는 마음이 나를 떠나지 않습니다

그러나 좀 더 살다보면 세상사 자체가 힘이 드는 일임을 알게 되고 결국 이 힘든 상황이 어려운 것이 아니라 나의 이

야기를 들어주는 사람이 없어 혼자라는 생각에 힘이 든다는 것을 알게 됩니다. 그래도 "부모는 나를 이해해 주고 함께 있어 주어야 하지 않는가?" 하는 원망이 여전히 마음에 남습니다.

그런데 우리가 정말로 부모에게 아쉬워해야 할 것은 자식을 독립적인 인격체로 보고 제대로 들어주고, 솔직하게 대화하는 법을 배우지 못한 것이지, 그들의 잘못된 사랑이나 그들 나름의 최선을 다한 양육 그 자체가 아님을 알아야 합니다. 왜냐하면 그들도 우리만큼이나 연약하고 인간에 대해 무지했기 때문에, 그들의 최선이 당신을 힘들고 아프게 할지 몰랐기 때문입니다.

우리 신랑은 콩밥을 싫어합니다. 어렸을 때, 어머니가 매끼 콩밥을 주었다고 합니다. 당신이 싫어하는 콩밥을 매끼 차려주는 어머니에 대해, 당신 마음이 어떤지는 전혀 관심이 없었던 사람이라고 믿는 것과 나의 건강을 생각하는, 나를 사랑하는 마음이 가득한 어머니라고 믿는 것 중 어떤 것을 선택하느냐는 오로지 당신의 몫입니다.

심리학자로서 진심으로 말하건대 진짜가 무엇인지 우리는 절대 알 수가 없습니다. 콩밥을 주는 어머니의 마음이 내가 주는 대로 먹어야 한다는 독선적인 마음에서 출발한 것인지, 자신이 어릴 때 엄마로부터 받지 못했던 관심을 자신의 자식을 통해 보상받고 싶은 마음에서 기인한 것인지, 자신을 힘들게 하는 자식을 괴롭히기 위해서 하는 행동인지, 아이가 건강하게 자라서 당신이 덜 걱정했으면 좋겠다는 이기적인 마음인지, 자식의 건강을 진심으로 바라는 순수한 마음인지, 아니면 이런 마음들이 복합적으로 작용한 마음인지, 이에 대한 진실은 그런 행동을 하는 어머니조차도 알 수 없을 것입니다. 심리학자가 할 수 있는 일이라고는 그저 당신의 대화와 경험의 이야기 속에서 그럴 확률이 있을 몇 개의 가정을 추측할 뿐입니다.

그런데 당신은 심리학자가 될 필요는 없습니다. 당신은 그저 자신을 사랑하는 어머니를 가진 사람인지, 자식을 이해 못하는 어머니를 가진 사람인지, 스스로 결정하면 됩니다. 당신이 어렸을 때는 결정의 주체가 나라는 생각을 하는 것이 어렵기 때문에 피해자로 살았다면, 지금 당신은 이미 스스로를 지킬 힘이 있는 어른이 되었습니다. 혹은 되어가고 있는 중일 것입니다. 그런 당신이 굳이 심리학자가 되어 그들의 진실을 파

헤치는 것이 당신 자신에게 무슨 이득이 있겠습니까? 믿는 대로 거두리라는 말처럼, 당신이 믿고자 하는 것이 당신의 것입니다.

어떤 부모를 두고 어떤 삶을 살았는지 이 모든 것을 결정하는 것은 당신의 부모가 아니라 바로 당신 자신입니다. 우리의 부모가 몰랐던 것은 바로 이것입니다. 당신의 삶을 결정할 수 있는 유일한 존재는 바로 당신 자신이라는 것을. 만약 당신이 부모 때문에 내 삶이 이렇게 됐다고 믿는다면 그것은 부모와 같은 인생을 사는 것입니다. 누군가가 내 삶을 마음대로 할 수 있다고 믿는 것은, 내 자식의 삶을 자신이 결정할 수 있다고 믿는 무지한 부모와 같아지는 것입니다.

당신을 위해 심리학 교과서에 자주 등장하는 짧은 이야기를 하나 들려드리지요

기억 저장을 담당하는 해마나 신피질의 손상으로 새로운 기억을 형성하지 못하는 순행성 기억상실증(코르사코프 증후군)을 앓고 있는 환자는 수 년 동안 자신을 치료하고 있는 담당 의사를 기억하지 못하

고 매일 만날 때마다 새로운 사람을 만난 것처럼 악수를 한다. 어느 날, 이 의사는 환자가 정말로 자신을 기억하지 못하는지 알고 싶어서 손가락 사이에 바늘을 감춘 채 악수를 하였다. 바늘에 찔린 환자는 그 사건을 기억하지 못하였지만, 며칠 뒤 의사가 손을 내밀어 악수를 청하자 "내게는 악수를 하지 않을 권리가 있다"며 거절하였다. 의사가 집요하게 악수를 하지 않은 이유를 캐묻자 그 환자는 "어쩌면 당신 손에 바늘이 있을지도 모른다."라고 대답하였다.

— 김성일, 뇌는 어떻게 기억하는가?의 일부

우리가 의식적으로 지각하고 인식할 수 있는 외현 기억(explicit memory)과 달리 암묵적 기억(implicit memory)은 특정 사건에 대한 의식은 없으나 현재의 행동에는 영향을 주는 기억을 말합니다. 위의 이야기처럼 우리는 무의식의 세계에 있는 암묵적 기억을 의식하지는 못하지만 중요하게 사용하고 있습니다. 따라서 사람들이 자신이 인식하고 있는 것만을 사실과 진실이라고 믿는다면 이것은 심리학적으로 매우 치명적인 오류가 되는 것입니다.

또한 인간은 의식적 내용이 없는 기호나 형식만으로도 많은 것들을 이해하고 기억합니다. 인류의 진화적인 관점에서 보자면, 음성 언어보다 몸짓 언어가 더 오랜 역사를 가졌다는 것은 명백한 사실입니다, 그러므로 당신이 말을 할 때, 말의 내용보다 그 말을 전달하는 당신의 표정. 몸짓, 손짓, 장소의 분위기, 공기, 날씨 이런 것들이 더 민감하게 저장되고, 기억될 수 있습니다. 비록 당신이 이 중 일부는 암묵적 기억으로 저장하여 당신의 의식 세계에는 존재하지 않는 것처럼 여겨지더라도, 당신이 가장 행복하거나 슬펐던 순간에 대한 기억은 생각보다 많은 단서들과 함께 당신의 뇌 깊숙이 새겨지는 것입니다.

이런 작고 사소한 기억들은 자신도 모르는 사이 어린 시절 상처 입은 작은 아이를 내 속에 가두기도 합니다. 그리고 그 상처가 얼마나 크고 아픈지 들여다볼수록 점점 커져서 현실의 문제가 모두 자신의 내면에 봉인된 그 아이에서 기인했다고 생각할 수 있습니다. 당신은 이제, 자신을 이해하는 데 결정적이라고 믿어지는 이 상처투성이의 작은 아이를 어떻게 해야 하는지 물을 것입니다

아이는 성장하여야 합니다. 상처가 있든 상처가 없든 아이

는 연약한 존재에서 강한 존재로, 어른으로 성장합니다. 나약한 애벌레가 나비가 되어야만 진정한 사랑을 할 수 있듯이 작고 순수한 존재는 강하고 건강한 어른으로 자라야 합니다. 그러기 위해서는 내면에 숨어 있는 어린 아이를 키워 어른으로 성장하기 위한 시련은 절대적으로 필요한 것입니다. 어른이란 스스로 자신을 책임지는 것이며 결국 자신이 잉태한 혹은 잉태하지 않은 또 다른 타인의 생명을 지키는 힘 있는 사람입니다. 고난과 상처를 올바르게 이해하고 해석하는 일은 완전히 불가능하지만 자신을 위해 건강하게 분석하고, 해석하는 것은 가능한 일입니다.

실제 우리는 무엇이 옳은지 정확히 알 수가 없습니다. 알코올성 폭력이 있는 아버지가 때린 매를 견딘 아이가 자신의 아버지를 이해하고 용서하는 것이 옳은 것인지, 아버지를 없다고 생각하고 남처럼 사는 것이 옳은지, 성인이 되어 그런 아버지를 흠씬 두들겨 패주는 것이 더 나은지 알지 못합니다. 다만 심리학자들은 그때 맞았던 아이가 상처를 딛고 자신을 스스로 성장시키기 위해 어떤 결정을 하는 것이 더 나은지, 무엇이 성장을 멈춘 아이가 자랄 수 있게 하는지 최선의 방법을 찾도록 도울 뿐입니다. 그것이 자기 파괴인지 자기 성장인지 모를 때, 삼자의 입장에서 이야기해줄 누군가가 필요할 때, 다음의 두 가지를 말해 줄 수 있습니다.

첫째, 어떤 상처든 아물 수 있습니다. 비록 그 상처가 너무 깊어서 회복이 오래 걸리고 보기 싫은 흉터를 남기더라도 상처는 반드시 아물게 마련입니다. 흉터 역시 시간이 지나면 점차 희미해집니다. 그런데 우리가 그 상처를 자꾸 후벼 파면, 그 상처는 감염을 일으켜 주변의 멀쩡한 살들을 오염시키고 결국 죽을 수도 있습니다. 그 상처가 사망 원인이 아니라 그것을 후벼 판 행위가 사망의 원인이 되는 것입니다.

그때는 어리고 약해서 혹은 알지 못해서 그런 일이 일어났다면 이제 어느 누구도 당신에게 상처를 입히도록 내버려 둬서는 안 됩니다. 그런데 누구보다 자기 스스로가 그 상처를 후벼 파면서 자신을 괴롭혀서는 안 됩니다. 과거의 자신이 아닌 현재의 자신을 지켜야 합니다. 그것이 상처를 아물게 하는 건강한 방법입니다.

둘째, 불행한 기억을 지우는 가장 좋은 방법은 행복한 일을 더 많이 경험하는 것입니다. 손 댈 수 없는 과거에 연연할 힘이 있다면, 그 힘을 현재의 행복을 위해 보태기 바랍니다. 지금 행복하면 불행했던 과거도 의미 있는 삶으로 재해석 될 수 있습니다. 과거가 안타까운 것은 지금 나의 삶이 괴롭기 때문입니다. 따라서 지금의 삶에서 행복의 의미를 찾는다면 과거의 아픔은 저절로 사라질 것입니다.

우리가 두려움에 빠질수록 그 작은 아이는 그 세계에서 영영 나올 수 없습니다. 용기를 내서 새로운 도전을 시도하고 좋은 결과를 내는 경험을 통해서 그 깊은 상처가 나의 어리석음에서 오는 필연적인 결과가 아니라 우연의 산물일 수도 있다는 것을 스스로 깨달을 때, 비로소 우리는 자기혐오라는 못생긴 번데기를 벗고 호랑나비든 노랑나비든 되는 것입니다.

물론 용기를 낸 도전이 반드시 성공을 보장하지는 않습니다. 실패할 수도 있습니다. 만약, 당신이 여기서 멈춘다면 실패지만 다시 도전한다면 그것은 성공을 위해 필요한 과정이 되는 것입니다. 그럴 힘이 있다면 당신의 내면에 갇힌 그 아이는 더 이상 어린 아이가 아닙니다. 도전하는 것만으로 이미 당신은 자신의 아픔을 스스로 마주하는 용기 있는, 그리고 자신을 지킬 힘이 있는 온전한 사람인 것입니다.

당신을 위해, 이제 우리의 무지했던 부모를 놓아주십시오. 과거의 망령과 함께 사는 삶은 그것만으로도 힘이 들고 피곤할 것입니다. 당신이 먼저 그들의 손을 놓고 행복의 길을 찾으십시오. 인간의 수준으로 살았던 그들을 이해하고 당신은 당신의 수준을 스스로 선택하길 바랍니다. 당신이 부모로부터 받았던 상처들을 치료하기 위해 심리학 이론들에 기대지 마시고 자신을 믿고 자유롭게 살아가기를 바랍니다.

나와 부모의 분리

내담자 P: 나는 늘 아버지 때문에 불행하다고 생각합니다. 아버지는 내가 어릴 때부터 단 한 번도 내 말을 들어준 적 없었습니다. 제가 고등학생일 때 쿵푸를 배우고 싶다고 했는데 "니가 운동을 배우면 깡패밖에 더 되겠냐?" 하시면서 돈을 주지 않았어요. 새벽에 신문을 배달해서 도장을 몰래 다니려고 했는데, 들켜서 죽도록 맞았지요. 고등학교 졸업 후 대학을 가고 싶었는데, "니깟 놈이 공부를 해서 뭣하겠냐? 돈이나 벌면 되지." 결국 아버지를 따라 일을 다녔지요. 그러다 서른이 되어서 하청을 준 대기업 사람들과 싸우게 됐어요. 그 사람들 중에 나이 어린 팀장이 있었는데 평소에도 공사장에서 일하는 인부들을 막 대하는 거예요. 어느 날, 자기들도 아직 점심을 먹지 않았는데 인부들이 먼저 점심을 먹으러 갔다고 난리를 치는데, 속에서 뭔가가 욱하고 올라오는 거예요. 그때 저는 현장 감독이었는데 밥 먹는 것조차 학벌순이라 생각하니 못 배운 게 너무 서럽고 화가 나서 저도 모르게 들고 있던 망치를 벽에 던져 버렸죠. 결국 그 일로 사표를 내게 되었어요. 이제 무얼하고 살까? 이런 생각을 하면서 지하철 2호선을 탔는데, 정말 운명처럼 제 눈에 호주 유학 박람회 광고가 보이는 겁니다. 집으로 와서 호주로 유학을 가겠다니 이번에도 역시나 아버지 왈 "니깟 놈이 유학을 갈 수나 있겠어? 돈이나 쓰고 오는 거겠지." 이러시더군요. 이 말에 오기가 생겨서 무작정 호주로 갔죠. 어학연수를 하고, 기술 대학을 졸업하고, 바로 일반 대학으로 편입해서 7년 만에야 졸업을 했습니다.

학비가 떨어져 쓰레기통에 있는 양파를 먹으며, 빵 한 조각으로 하루를 버티고, 집세가 없어서 콘테이너 박스에서 잘 때도 있었지만, 아버지가 있는 한국으로 절대 돌아오고 싶지 않았습니다. 비자 문제로 결국 돌아올 수밖에 없었는데 최후의 방법으로 호주 군대에 지원을 했어요. 그런데 팔자가 그랬는지 영장이 너무 늦게 나와서 한국으로 나올 수밖에 없었어요.

지금도 아버지가 내게 했던 말들을 잊을 수가 없어요. 저는 호주 유학까지 했고, 이제 아버지가 제 삶을 뭐라고 하지도 않는데, 여전히 아버지를 보면 화가 나고 답답해요.

이런 아버지를 보면 화가 나는 것은 당연한 일이다. 고된 삶의 풍파를 맞을 때마다 자식에게 “니깟 놈이 뭘 하겠냐?”고 함부로 말한 아버지가 어찌 밉지 않았겠는가? 아버지의 행위가 나의 분노와 합쳐져 분리하기 힘든 것은 지극히 자연스러운 일이다

그런데 그것에 집착하는 것은 자신을 더 불행하게 만드는 결과가 된다. 위의 감정과 생각이 분명 잘못된 것은 아니지만, 그것에 의해 지배되지 않는 것이 중요하다. 이런 마음을 털어놓으면 마치 이 생각이 전부인 것 같지만, 사실 당신의 마음은 훨씬 복잡한 감정과 사고들이 있다. 가장 먼저, 미성숙한

아버지의 언행에도 당신은 마침내 꿈을 이루었다. 이것은 정말 대단한 일이다. 힘없는 소년이 비록 시간이 걸리긴 했어도 마침내 아버지라는 거대한 성을, 불합리한 체계를 무너뜨린 것이다. 당신이 받은 대학 졸업장은 여타의 졸업장과는 비교될 수 없을 것이다. 아버지의 생각이 잘못됐다는 것을 마침내 스스로 증명해 낸 것이다.

그리고 이제 당신은 배운 사람이 되어 그 시절의 아버지를 이해하고 용서할 수 있는 자리에 있게 되었다. 물론 이해만 하고 용서를 하지 않아도 괜찮고, 굳이 이해도, 용서도 필요하지 않을 수 있다. 다만 자신의 소중한 시간과 감정을 아버지의 망령된 말에 집착하여 여전히 과거의 관계에서 벗어나지 못한 삶을 살지 않기를 바랄 뿐이다. 아버지는 아버지이고 나는 나이다. 아버지는 아버지의 역사 속에서 자신의 삶을 살았고, 나는 나의 역사 속에서 나의 삶을 사는 것이다.

부모가 나의 삶을 파괴하고 나란 존재를 무기력하게 만들 수 있다. 신경질적인 어머니와 폭력적인 아버지 밑에 자란 나는 소심한 자기 학대자가 될 수도 있다. 그러나 부모의 삶과 나를 분리하면, 아버지의 폭력을 경험한 나는 에너지 넘치는 강한 리더가 될 수도 있고, 신경질적인 어머니와의 경험을 바탕으로 타인을 세심하게 보살피고 배려하는 사람이 될 수도 있다.

그런데 우리는 자신의 결핍을 외부의 결핍에서, 특히 과거의 경험에서 찾아 그것이 치유되어야만 현재의 자아가 건강할 수 있다고 믿는다. 자신의 상처를 치유하는 방법은 반드시 과거나 타인의 관계에만 있는 것은 아니다. 타인과 나를 분리하고 각자의 삶을 인정하는 것은 외부의 영향에 흔들리지 않는 튼튼한 뿌리를 갖는 것과 같다. 신경질적이고 폭력적인 부모에게 버림받았다 믿고 있는 당신이 체면치료를 통해 과거의 나를, 무의식 세계의 갇힌 가여운 나를 안아주는 것이 도움이 될 수도 있겠지만, 결국 같은 상황이 생기면 당신은 과거의 자신과 같은 사고와 행동을 하며 또 다시 상처 받는 사람이 될 것이다.

누군가 상처를 준다고 내가 상처를 받아야 하는 것은 아니다. 설혹 피할 수 없는 상처가 되어 남았다면, 상처가 아물도록 방법을 구할 일이지, 상처를 계속 뜯어서 영원한 상처로 만들 필요는 없다. 당신이 올바르지 않은 방법으로 개입하지만 않으면 어떤 상처든 우리는 회복시킬 능력을 타고났기 때문에 모질게 살아갈 것이다.

다만, 우리가 별 의도 없이 하는 일상의 말들이, 특히 부모와 자녀 사이의 무심코 오가는 말들이 서로에게 큰 상처를 내고 있는지 그것은 반드시 알 필요가 있다.

똑바로 좀 들어라!

말을 듣는 태도는 요즘 우리가 일상의 관계에서 겪고 있는 다양한 갈등의 중요한 핵심 요인이다. 간단한 것조차 내 말을 들어주지 않는 상대의 태도에 화가 나는 것이다. 지금 우리는 만성피로의 시대에 살고 있기 때문에 사람들은 휴식과 위로와 공감이 절실하다. 따라서 작은 일만이라도 그냥 넘어가 주었으면 하는 욕구가 강렬하다. 이러한 욕구로 인해 매우 작은 일들에 부딪히며 상처를 주고받는데, 정작 우리의 화를 더욱 키우는 것은 듣기의 태도이다.

이로 인해 별일이 아닌 일에도 과하게 반응하는 경우를 종종 보게 된다. 본격적인 갈등의 상황에 직면하면, 대개는 자신이 원하는 것이 무엇인지도 모른 채 순간의 감정에 휩싸여 자신의 생각과 말을 고집하게 되는 경우가 많다. 이렇게 되면 문제를 일으키는 주범은 바로 자신을 고집하고 타인의 말을 제대로 듣지 않는 태도가 된다. 이제 갈등을 일으키는 진짜 원인은 갈등이 시작된 사건에서 이 사람이 나를 신뢰하는지, 사랑하는지에 대한 끊임없는 질문이자 의심으로 변하는 것이다. 이를 남녀의 대화법, 뇌 구조의 차이, 성장배경의 차이에서 온다고 말할 수도 있지만, 결국은 상대의 말을 진지하게 들어주는 자세와 자신의 생각을 정확하게 전달하는 방법이 문제의 핵심이 된다.

수건을 한 번 쓰고 세탁을 하는 것과 여러 번 쓰고 세탁을 하는 것의 문제는 각자 합리적이라고 생각하는 선택의 문제이기 때문에 무엇이 옳고 그른가의 태도로는 절대 해결할 수 없다. 결국 처음부터 풀 수 없는 방법으로 그 답을 합의보고자 했으니 함께 사는 것이 고달픈 것이다. 집요하게 상대가 잘못된 선택을 하고 있다고 믿으며 이를 올바르게 고쳐주는 것을 사명으로 알고, 상대의 말조차 제대로 듣지 않는 사람들을 우리는 꼰대라고 부르고 이들이 하는 말을 잔소리라고 한다.

상대의 말을 들어주는 것과 행동으로 실천하는 것은 전혀 다른 문제이다. 말을 들어주는 것은 상대방의 생각을 이해하기 위해 노력한다는 것이지 행동을 바꾼다는 것은 절대 아니다. 그냥 말 그대로 상대방이 하는 말을 잘 들어주는 것이다. "그러니까 당신은 내가 수건을 한 번 쓰고 바로 세탁기에 넣으면 좋겠다는 거지?" 이렇게 말해주는 것만으로도 상대는 당신이 자신의 생각을 제대로 알고 있다고 생각한다. 우리가 계속 같은 말을 반복하는 것은 상대가 내 말을 제대로 듣지 않아서 이해를 못한다고 생각하기 때문이다. 같은 말을 반복하게 되면 피곤해지고, 피로감은 분노의 감정을 쉽게 촉발시킨다.

듣기는 반복 재생부터

우리가 타인의 마음을 이해하기 위해, 특히 자녀의 마음을 이해하기 위해 우선시되어야 하는 것은 상대의 말을 진심으로 들어주는 것이다. 그러나 이것만큼 어려운 게 또 있으랴! 지금 우리에게 최선의 방법은 눈을 맞춰 상대의 말을 듣고, 그 말을 따라하는 것이다.

"나는 언제나 혼자라는 생각이 들어서 외로웠어." 이런 말을 들으면,

"야, 세상 사람들 다 그래, 사람들 모두 다 그렇게 살아,

너만 외로운 거 아니야."

이렇게 그 생각이 옳고 그른지, 남은 어떤지에 대한 정보의 전달과 평가가 아니라 "그래, 그동안 혼자라는 생각이 들어서 외로웠구나." 그 사람의 생각을, 말을 그대로 따라해 주는 것이다. 진정으로 이해하는 것은 동일한 상황에서 자기화가 일어나거나, 청자의 지적 혹은 정신적 수준이 높거나, 시간적·경제적 자원이 많지 않으면 불가능하다. 그러므로 상대가 한 말을 들어주고 그 말을 그대로 해 주는 것이 최소한 상대의 말을 무시하지 않고 듣고 있다는 것을 보여주는 방법이다. 거기에는 어떤 비난도, 평가도 없이 상대의 말을 그대로 이해하려고 노력하는 나의 마음이 들어있기 때문에 다음 단계의 대화를 위한 좋은 출발점이 된다. 이것은 타인뿐만 아니라 자신의 마음을 수용하는 방법이기도 하다. 자신의 목소리, 내면의 소리에 귀를 기울이라는 심리학적 조언들은 있는 그대로를 보고 듣는 수용의 방법을 익히라는 뜻이기도 하다.

상대가 하는 말을 정확하게 요약 정리하는 것이 어렵거나 어떻게 해야 할지 모르겠다면, 특히 상대방의 말이 이해가 안될수록, 부당하다고 느껴질수록, 상대가 마음껏 말하도록 내

버려둬라. 그리고 상대의 말이 다 끝나면 "네, 알겠습니다." 하면 된다. 이 말을 들은 상대는 어쨌든 알겠다니 할 말이 없을 것이고, 당신의 생각은 이 사람이 얼마나 사람을 환장하게 만드는 사람인지, 당신이라는 인간의 수준을 잘 알겠다는 말이다.

그럴 정도의 불합리한 말이 아니라면 상대가 한 말을 그대로 따라해 보라고 권하는 바이다. 그런 다음에 자신의 말을 해도 늦지 않다. "당신의 말은 잘 알겠는데, 나는 이게 습관이 돼서 그런지 당신만큼 불편하지도 않고, 오히려 사람들이 물을 좀 더 아껴야 한다는 생각하니까 나라도 빨래를 줄이는 방법에 동참하는 게 맞다고 생각해. 만약 내가 수건을 여러 번 쓰는 게 마음에 걸리면 내가 쓰는 수건 색깔을 따로 정해서 각자 스타일대로 하면 어때? 나도 당신이 한 번 쓰고 세탁하는 것에 대해 별말 안 하도록 노력해 보도록 할게."

말의 내용과 형식에 대한 오해

우리가 하는 말은 내용과 형식으로 이루어진다. 대부분의 사람들은 생각을 전달하는 말의 내용이 중요하다고 생각하는데, 심리학적 측면에서는 사실 내용을 전달하는 형식이 더 빠르고 강하게 전달된다.

직장 상사 A: "이걸 이렇게 작성하면 누가 알아보겠어요? 학교 다닐 때 공부 못 했죠. 다시 하세요."

A는 서류를 알아보기 힘들다는 것과 다시 작성하는 것을 요구한다. 이 말을 들은 상대방은 누구라도 화가 날 것이다.

이 말하기가 듣기 괴로운 것은 내용이 가지는 뜻이 아니라 A가 사용한 말투와 알지도 못하는 상대의 과거를 끌어와 자신이 하는 말이 얼마나 합당한지를 합리화하고자 하는 미성숙한 인격이 듣는 사람에게 전달되기 때문에 화가 나는 것이다. 그리고 서류를 작성한 자신의 잘못보다 A의 태도에 주목하게 만들어 결국 원래 전달되어야 하는 내용조차 무의미해지게 만들 수 있다.

말투인 어조와 태도는 주로 감정을 담당하는데, 사람들은 이성적인 내용보다 감정적인 부분에 더 민감하게 반응한다. 따라서 대화에 있어 말의 내용보다 이를 전하는 태도와 어조, 방식이 심리학적 측면에서는 더 중요해진다. 그리고 말이 전달되는 형식은 인격이 되어 그 사람을 나타내는 지표가 되기도 한다. 따라서 우리는 하고자 하는 말의 내용을 정확하게 전달하는 부드러운 방법들을 익혀 습관으로 만드는 것이 좋다.

"서류의 내용 중에 제가 알아보기 어려운 부분이 있습니다. 표시해 두었으니 빠른 시간 안에 수정해 주시기 바랍니다."

이렇게 말하는 것이 대화의 의도와 목적을 정확하게 전달하는 효율적 말하기이다. 자신의 감정, 즉, 내가 얼마나 기분이 나쁜지, 시간이 없는지, 이것으로 얼마나 큰 손해를 보는지, 이런 정보가 길어질수록 상대를 설득시킬 수도 없으며 오히려 일의 진행을 방해할 뿐이다. 게다가 당신의 인격을 같이 낮추는 부정적 역할을 더 많이 하고 있다는 것을 명심해야 한다.

주인에 따라
달라지는 말의 뜻

다섯 명의 친구들이 모여 함께 공부를 하고 있다고 생각해 보자. 이때, 한 아이가 숙제를 하지 않았고 이를 옆에 있는 친구가 발견하였다.

"선생님, 진솔이 숙제 안 했어요."

만약 이 말을 공정함과 정의로움에 대해 예민하게 반응하는 기질을 가진 아이가 말했다면, 그 뜻은 숙제를 하지 않은 행위에 대한 부당함을 말하고 있기 때문에 이렇게 대답해 주어야 한다. "숙제를 하는 것이 더 현명한 일 같은데, 진솔이 숙제를 안 했다고 하니 무슨 이유가 있는지 들어볼까?"

사랑받고자 하는 욕심이 많은 아이가 말했다면 그 뜻은 "저는 숙제 했으니까 저를 예뻐해 주세요."가 된다. 이런 아이에게 적합한 대답은 "그래 숙제를 해 온 네가 있어서 선생님은 좋네. 그럼 이런 훌륭한 일을 진솔이는 왜 하지 못했는지 물어볼까?"

관찰력이 뛰어나고 이성적인 사고의 기질을 가진 아이가 말했다면, 숙제를 안 했을 때의 선생님의 반응은 무엇일까? 이것을 궁금해 하는 것이므로 "하고 안 하고는 본인의 선택 아닐까? 그에 대한 결과도 본인의 책임이고. 진솔이 하지 않은 숙제에 대해 어떤 말을 하고, 그 결과에 대해 어떻게 책임을 질지 생각해 볼까?"가 적합한 대답이다

숙제에는 도통 관심이 없는 개구쟁이가 한 말이면 "저도 숙제를 안 했는데, 얘도 안 했어요. 그러니 혼내지 말고 넘어가죠." 이 뜻이 되는 것이다. 그러므로 이에 대한 대답은 "너는 이 숙제가 비합리적이거나 불가능했다고 생각하니?" 정도가 된다.

이처럼 말은 사람에 따라 모두 다른 뜻을 가질 수 있다.

만약 선생님이 말의 내용 그대로에 주목하여 숙제를 안 한 진솔을 혼내면서 벌을 줬다고 가정해보자. 분명 일러줄 의도가 없었지만 일러준 게 돼버린 친구들과 진솔 사이에 갈등이 생기고, 자신들의 마음을 몰라주고 진솔에게 벌을 준 선생님과 아이들 사이에도 갈등이 생길 것이다.

가족이나 친구들, 직장에서 타인과 관계가 이루어지는 모든 상황에서 상대의 몸짓과 말을 이해하고 그에 맞는 적합한 해석을 하는 것이 중요하다는 것을, 특히 아이들을 대하는 성인이나 가장 가까운 사이라고 믿는 부부들이 이를 명심하면 좋겠다. 자신의 생각과 수준에 맞추어 상대방의 언어를 일방적으로 해석하는 것은 매우 위험한 일이다. "너랑은 도저히 말이 안 돼."라는 극단적인 결론을 내기 전에 본인 스스로 상대의 말을 얼마나 정확히 듣고 있으며 자신의 말을 정확하고 알맞은 형식으로 전달하고 있는지 먼저 살펴보아야 한다.

정확하게 말하기

생각해보자. 아이가 밥을 안 먹겠다고 하는 것이 정말 문제인가? 밥을 안 먹겠다고 우기는 그 방법이 더 문제인가? 얼핏 보면 밥을 먹어야 한다는 문제처럼 보이지만 사실, 밥을 먹고 안 먹고는 별로 중요한 문제가 아니다. 배가 고프지 않을 수도 있고, 다른 음식이 먹고 싶어서, 혹은 엄마에게 화가 났다는 걸 보여주고 싶은 하나의 표현일 수도 있다. 그런데 우리는 '밥을 먹여야 한다'에 집착한다. 정작 밥을 먹지 않겠다고 울고 있는 아이한테, 내 뜻을 쉽게 받아들이지 않는 아이에게 화가 났음에도 이러한 사실은 숨긴 채, 아이의 얘기를 들어주지 않는 엄마가 되면서, "왜 밥을 안 먹느냐"고 아이를 나무란다. 사실 아이는 "저 기분이 안 좋아요." 대신에 "나 밥 안 먹어"라고 얘기하는 것일 수도 있는데도 말이다. 말이 가지고 있는 그 내용보다 그 이면의 의미를 파악하는 것이 더 중요하다.

이를 위해서는 그 말 자체에 빠지지 말고, 그가 처한 앞뒤의 상황이나 평소 그 사람의 태도 등에서 단서들을 찾아야 한다. 가장 좋은 방법은 감정을 제거하고 솔직하게 물어보는 방법이다. 왜 밥을 먹지 않았으면 하는지? 밥을 먹고 싶지 않다는 말에 다른 의미가 있는 건지? 만약, 이런 질문이 소용없다고 말한다면 자신의 방법을 다시 한 번 생각해 보길 바란다. "왜 밥을 안 먹겠다는 건데, 무슨 이유가 있어?" 이것은 묻는 것이 아니라 '네가 잘못했고 이런 행동은 용납할 수 없다'를 표현한 것이다. 이것과 "지금 너는 밥을 먹고 싶지 않다는 거지. 그럼 조금 있다가 먹겠다는 생각이니? 아니면 영원히 밥을 안 먹겠다는 생각이니? 혹시 밥 안 먹겠다는 말이 아니라 다른 마음이 들어 있니? 예를 들면, 엄마 저 지금 화가 나서 밥을 못 먹겠어요. 이런 것처럼."

이렇게 이야기하면 일단 시간이 오래 걸린다. 아이가 아침에 학교에 갈 상황이거나 엄마가 출근을 서둘러야 하는 상황이라면 이런 대화가 불가능할 것이다. 그래서 우리는 이 모든 상황을 생략하고 "왜? 왜 그러는데?" 이렇게 윽박지르고 그리고 아이가 빨리 먹어주기를 원한다. 우리는 방법을 모르는 미숙한 사람들이거나 방법을 알지만 시간이 부족한 바쁜 사람들인 것이다.

사실 정확하게 말하는 것이 개인에 따라 시간과 노력을 들여야만 얻을 수 있는 어려운 것일 수 있다. 그러나 이것이 절실한 이유는 우리가 정확하게 말할수록 사건의 원인과 결과, 그 본질을 더 잘 이해하기 때문이다. 말하는 과정이 길어지면서 감정의 단계도 변하고, 정확하게 핵심을 이해하기 때문에 이성적으로 개입할 수 있는 여지를 더 많이 만들 수 있다. 이는 우리의 심리적 건강뿐만 아니라 신체적 건강에도 도움이 된다.

"뭘 봐?" 혹은 "왜 째려보는데?" 이런 식의 말이 폭력적인 사건들의 도화선이 되는 것을 우리는 종종 언론 매체를 통해서 접하게 된다. 그런데 이 말은 정확하지 않은 표현으로 좀 더 정확하게 표현하자면 "당신이 째려보는 것 같다고 내가 생각되는데." 이 정도쯤 된다. 내가 생각하는 것이 모두 사실과 맞지 않음에도 불구하고 때때로 우리는 자신의 생각을 객관적인 사실로 둔갑시켜 말하기도 한다. 한 사람이 나를 보는 것 같다고 느껴지는 것은 지극히 주관적 판단이고 실제 어느 정도 얼마나 쳐다보는 것이 째려보는 것인지, 어디를 봐야 째려보는 것인지, 그 이전에 나를 본 것인지, 내 뒤의 배경을 본 것인지, 사실을 알기 위해서는 조금 귀찮더라도 단계를 밟아야 한다.

"조금 전부터 저를 보고 있는 것 같은데, 제 느낌이 맞나요?"

"아닌데요. 전 그쪽을 본 적이 없는데요."

이런 대답을 듣더라도 우리는 시간을 들여 좀 더 정확한 사실을 확인해야 하는 노력을 해야 한다. 만약 상대가 지극히 낮은 인간의 수준으로 "뭘 봐?" 하고 물었고, 내가 이에 대답을 해야 하는 상황에서 굳이 대답을 하고 싶다면(대개는 안 해도 되지만, 혹시 내가 선빵을 날리고 게임값을 물어줄 수 있을 것 같고, 그런 마음이 미친 듯이 올라올 때가 있다면) 앞에서 나온 반복 재생의 말하기를 실행하면 된다.

"지금 저한테 뭘 보냐고 물어보신 거죠?"

그리고 무엇을 봤는지 정확하게 말하면 된다. 그런데 문제의 수준이 그럴 필요까지 없는 정도라면, 또 상대의 수준이 너무 낮아서 당신의 수준을 따라가지 못한다면, 굳이 귀찮게 이런 탐구 과정을 거칠 필요는 없다. 그냥 지나가면 된다.

다양한 생각과 하나의 선택

안타깝게도 우리는 한 번에 하나의 감정이나 생각을 선택하도록 강요당해 왔다. 만약 두 개의 생각이나 감정을 가지면 마치 정신적으로 큰 문제가 있는 것처럼 취급받아지기도 한다. 그런데 사실, 우리의 뇌는 하나의 경험이나 사건에 대해 동시에 여러 가지 생각을 갖는다.

예를 들어, 집에만 있던 가정주부가 일을 갖고 싶어 장사를 하기를 원한다고 하자. 남편은 이런 아내의 생각을 듣고 다음과 같은 서로 다른 생각을 동시에 할 수 있다. '아직 아이들이 어리니까 조금 뒤에 하는 게 낫지 않을까? 지금의 결혼 생활을 만족하지 못하는 걸까? 장사를 하면 여러모로 힘든 일이 많을 텐데 아내는 충분히 준비했는가? 만약 장사를 하면 아내는 나와 아이들에게 소홀해지지 않을까? 사람들을 만나면서 아내가 변하지 않을까? 자신의 삶을 찾고자 하는 아내를 이해하고 장사를 잘 할 수 있도록 도와주는 게 좋지 않을까? 아내는 사람들과의 관계가 좋으니 지금부터 장사를 해서 경험을 쌓으면 나도 직장을 그만두고 같이 일을 하면 좋겠군.' 이런 여러 가지 생각을 동시에 혹은 시간적 차이를 두고 할 수 있지만, 결국에는 장사를 하는 것에 찬성이다, 반대이다, 유보적이다 이렇게 세 개의 선택 중 하나의 의견을 드러내야만 한다. 이것은 아내의 경우도 마찬가지일 것이다. 아내도 장사를 하는 것과 관련된 수많은 생각들 중에서 하나를 선택한다. 그리고 부부가 서로의 생각을 말할 때는 결정된 하나의 선택을 중심으로 나머지 생각들은 떨쳐버리거나 생략한다.

만약 서로의 선택이 다르다면, 이 부부는 심각한 갈등을 겪는다. 장사를 하지 않았으면 하는 남편과 장사를 하고 싶다는 아내의 경우를 살펴보자. 남편은 지금 왜 장사를 하지 않아야 하는지를 이야기할 것이며, 아내는 지금 왜 장사를 해야 하는지를 이야기할 것이다. 사실 두 사람 마음에는 같은 생각이 있었음에도 불구하고 마치 처음부터 완전히 생각이 달랐던 것처럼 열심히 자신의 주장만 내세운다. 그런데 문제는 그 다음부터이다. 서로 대립되는 선택을 놓고 하는 말하기가 원만히 풀릴 기미가 보이지 않으면, 이제 다른 이야기들을 하기 시작한다.

"당신은 다른 사람들 말은 잘 들으면서 왜 내 말은 듣지 않느냐?"

"그러는 당신은 왜 나를 믿어주지 않으냐?"

"당신처럼 경제관념이 없는 사람이 장사를 한다는 게 말이 되느냐?"

"내가 왜 경제관념이 없어? 그럼 당신은 언제부터 아이들에게 그렇게 관심이 많았는데? 시간 날 때, 아이들하고 한 번이라도 제대로 놀아준 적이 있었어?"

이렇게 원래의 주제와는 전혀 다른 이야기로 번지면서 갈등과 대립은 더 깊어진다.

진짜 문제는 서로가 하나의 생각에 고정된 말하기 방식을 취하고 있기 때문에, 분명 서로 공통된 생각이 있었음에도 그러한 생각들은 무시된 채 처음부터 우리는 너무나 달라서 말이 통하지 않는다는 결론에 이른다. 상대방의 말하기 방식에 화를 내고 있으면서도 그 내용의 선택이 달라서 대화를 할 수 없다고 착각하고 있는 것이다. 만약 이 부부가 처음부터 자신의 마음속에 드는 여러 가지 상황과 두려움, 불안 등을 말하고 '그럼에도 불구하고 본인의 선택은 무엇이다'라는 말하기 방식을 취했더라면, 서로의 선택에 대한 차이는 그리 문제가 되지 않을 수도 있다.

사실은 그러한 내용을 선택한 그 과정, 그 과정들을 처리하는 사람들의 방법들, 그리고 선택을 전달하는 방식 이런 것들이 진짜 자신의 모습을 더 많이 담고 있다. 그러나 시간이 부족한 현대인들은 상대방의 생각의 과정을 들을 여유가 없다. "그러니까 결론이 뭐냐고? 결론만 말해봐." 이런 방식에 너무나 익숙할 뿐만 아니라 결론이 명쾌하지 하지 못한 사람을 보면 답답하다고 생각한다. 갈등이 심해져 중재자가 나서고, 같이 이야기를 해 보자는 자리가 마련되어야만, 겨우 그 자리에서 입을 연다. "사실, 나도 당신이 장사를 했으면 하는 생각이 있다. 아이들도 이젠 많이 컸고…", "그때 나는 이렇게 생각해서…", "근데 그 말을 듣고 그렇게 생각하지 않을 사람 있겠어?", "지금 당신 이야기를 듣고 보니, 조금은 이해가 되네."… 그리고 우리는 이렇게 말한다. 알고 보니 그 사람이 그리 나쁜 사람이 아니었다고, 오해가 있었다고. 이 경험을 처음부터 하면 좋을 것이다

우리의 생각과 선택은 일치해야 한다고 믿는 심리적 오류는 시간의 부족이라는 현실적 한계 때문이기도 하지만, 서로가 너무나 잘 알고 있다고, 당연히 알 것이라는 착각에서 기인하는 면도 있다. 특히 같이 살고 있는 부부는 서로가 상대방을 너무나 잘 안다고 착각하고 넘겨짚는 말하기 방식을 사용한다.

"근데 너, 신랑이 정말 그렇게 생각하는지 물어 봤어?"

"아니, 근데 안 물어봐도 뻔해. 그 사람은 분명 반대할 거야."

결론을 알고 있다는 것은 참으로 슬픈 일이다. 그러니 결론을 물어보지 말고 그 과정을 물어보는 말하기 연습이 필요하다.

"너 왜 그랬어?" 이 말과 "네가 그렇게 했을 때는 특별한 이유가 있었을 것 같은데," 이 말은 모두 상대방에게 이유를 묻고 있다. 그런데도 전혀 다른 느낌을 담고 있다. 앞의 말하기에는 그렇게 하면 안 된다는 판단과 비난이 묻어나고, 뒤의 말하기는 너에게 특별한 사정이 있지 않았을까 하는 상대방에 대한 신뢰가 묻어난다.

우리가 경험하는 말하기에서 또 하나 짚고 넘어가야 할 것은 자신의 생각을 전달하는 표현의 방법이다. 자기를 괴롭히는 사람에게 "그렇게 하지마"라고 용기를 내어 말했다고 생각해보자. 조금만 생각해 보면, 이 말은 여러 가지 생각 중 하나를 표현한 것이며, 상대가 동의하지 않을 수 있는 내용을 포함하고 있다. 이 말을 정확하게 다시 표현하면 "당신의 행동은 틀렸어요. 그러니 나에게 그렇게 하지 마세요." 이렇게 된다. 이 말에는 상대를 비난하는 내용을 담고 있다. 그러니 상대방은 이 말을 받아들이지 않을 뿐만 아니라 행동을 바꾸지도 않을 것이다. "그렇게 하시면, 제가 당황스럽고 불편해요." 이 말은 상대의 행동에 대해 판단하지도 비난하지도 않는 말이다. 그리고 자신의 마음을 솔직하게 표현한 말이므로 상대방이 판단할 내용도 들어 있지 않으므로 수긍할 수밖에 없는 말이 된다.

바쁜 현대인들은 자신의 마음속에 일어나는 여러 목소리와 과정을 점차 생략하고, 강박적으로 하나의 선택을 하고, 단호하게 결정을 통보한다. 상대방에 대한 단호한 판단을 하고 그리고 네가 바뀌면 모든 것이 다 행복할 것이라고 말한다. 우리는 정말 상대가 바뀌기만 하면 거저 행복해질 수 있는 완전한 존재인가?

거짓말하는 아이

처음부터 문제가 없다면 이보다 더 좋은 경지는 없을 것이다. 그런데 가끔은 굳이 문제를 만들어 괴로워하는 사람들도 있다. 이들은 타인의 삶을 가만히 두지 못한다. 이로 인해 생기는 문제는 자신과 타인 모두의 관계를 망치기 쉽다는 것이다. 따라서 타인의 삶을 끌어안고 괴로워하는 사람들을 보고 있자면 마음이 답답해진다. 그러나 이런 일을 직업으로 삼고 있는 교사나 아이를 키워야 하는 부모도 있다. 어쩔 수 없이 아이의 삶에 관여해야만 한다. 이들의 겪는 심리적 노고를 생각하면 머리가 절로 숙여진다. 이들을 위해 심리학이 해 줄 수 있는 것이 많을 것 같지만, 사실 그다지 큰 도움이 되지는 못한다. 다만 문제가 무엇인지를 정확하게 아는 것이 그나마 문제의 본질을 이해하고 사건을 해결할 수 있는 좋은 단서가 된다고 말해 주고 싶다.

대학원 시절 함께 철학 수업을 듣던 중학교 교사가 이런 질문을 했다.

교사 C: "우리 반에 늘 거짓말 하는 아이가 있어요. 아침마다 지각을 하는데, 왜 늦었냐고 하면 이것저것 핑계거리를 대는데 그게 거짓말이라는 게 너무 뻔한 거예요. 저는 애가 늦는 것보다 아이가 하는 거짓말에 매일 아침 기운이 쏙 빠져요. 야단도 치고, 벌도 주고, 부모랑 상담도 했는데 아이는 조금도 변하지 않고, 여전히 너무나 뻔한 거짓말을 하는데 어떻게 하면 거짓말을 안 하게 할까요?"

나: "그건 너무나 쉽지요. 선생님이 아무것도 안 물으시면 돼요. 아침마다 지각을 하는 아이를 붙들고 아무것도 묻지 않으면 아이는 아무런 거짓말도 하지 않을 겁니다."

교사 C: "뭐라고요? 아이가 매일 지각을 해도 아무 말도 하지 말라는 건가요?"

나: "네, 아이가 지각을 하면 '왔냐? 늦었네. 앉아라.' 하시면 되죠. 만약 아이가 왜 늦었는지 말하려고 하면 '알았어, 너 나름의 사연이 있겠지.' 하시면 되죠."

교사 C: "어떻게 그래요? 그러면 아이가 계속 지각을 할 텐데?"

나: "선생님, 지금까지 선생님이 아이의 거짓말과 지각을 막아보겠다고 온갖 방법을 쓰셨는데 아이는 지각을 안 하나요? 그리고 선생님은 아이의 지각보다 거짓말이 괴롭다고 하셨죠. 윤리 선생님으로서 이 문제가 간단하게 여겨지지 않는다는 건 충분히 이해가 됩니다. 그런데 아이가 거짓말을 하는 이유를 찾으려면 그렇게 간단하지 않아요. 또 가끔은 우리도 모르는 사이 아이가 거짓말을 하도록 만드는 경우도 있답니다. 지금 가장 중요한 것은 매일 반복되는 거짓말의 패턴을 끊는 거예요. 지각을 하고 → 질문을 하고 → 거짓말을 하고, 이렇게 악순환 되는 구조에서 선생님이 할 수 있는 건 질문을 안 하시면 됩니다. 그러면 이 패턴이 깨지고 아이는 '왜 선생님이 질문을 안 하실까?' 하고 생각하게 될 가능성이 있어요. 아이가 이 문제에 대해 인식이 될 정도의 충분한 시간이 흐른 다음 아이를 따로 불러서 솔직하게 얘기해 보세요, 그러면 선생님이 아이의 다른 면

을 볼 기회도 생길 수 있고, 운이 좋다면 지각하는 진짜 이유도 알게 될 수도 있어요. 사람들은 대개 거짓말이라는 것이 도덕성과 연관이 있다고 생각하는데, 저는 거짓말이 도덕성이 아닌 용기와 상관있다고 생각합니다. 사람들은 이미 무엇이 나쁜지 알고 있으니 도덕성이 없는 것은 아니죠. 그럼에도 불구하고 거짓말을 하는 것은 진실이 가져다 줄 결과에 대해 용기 있게 대면하지 못하기 때문일 가능성이 커요. 어떤 진실이든 그 결과가 두렵다면, 차라리 진실을 숨기고 거짓말을 택하기 쉬워지는 거죠. 누구나 두려울 수 있어요. 나라면 뻔한 질문을 던져 거짓말하는 아이를 만들기보다는 용기를 쥐어짜서 두려움과 맞서서 이겨야 한다는 것을 얘기해 볼 것 같아요."

이 이야기의 결론은 이렇다. 우리가 살아가는 동안 아무리 열심히 배워도 인간의 수준은 한계가 있다. 우리가 보는 것은 지극히 일부일 뿐이다. 그러므로 우리는 최선을 다해 조금 더 알려고 노력하면 된다. 만약 그것이 사람을 대상으로 하는 일이라면, 상대를 바로 보려고 노력하는 것이지, 내가 원하는 대로 상대를 고치는 것은 아니다. 내가 원하지 않는 모습을 가졌다고 그가 문제 있는 인간은 아닌 것이다.

소통을 원하는가?

안타깝게도 사람들은 익숙한 일상에서 서로에게 상처를 주고, 상처를 받고도 그게 잘못인지 알지 못한 채 살아간다. 특히 별 의도 없이 하는 말들이 마음의 문을 닫게 만들지만, 정작 당사자는 이를 알지 못하는 경우가 많다. 용기를 내어 "당신의 말이 내 마음을 아프게 한다." 얘기해 보지만, 소용이 없다.

누군가를 이해한다는 것은 그가 하는 선택을, 행동을, 말을 존중하는 것이다. 존중한다는 것은 내 마음대로 함부로 하지 않는다는 것이다. 갈등이 심한 자녀와 부모의 관계를 예를 들어 보자. 여기 성실하게 살고 있는 어머니가 있다. 아이는 소극적인 성향에 말이 없는 편이다. 어머니는 자기 사업을 하며, 아이를 위해 좋은 교육 환경을 제공하고 나은 삶을 살도록 해 주고 싶어 밤낮으로 고생을 하며 아이를 키운다. 타인들에게는 성실한 사람, 강한 여자, 최선을 다하는 좋은 사람이지만, 아이에게 좋은 어머니가 되기에는 힘든 상황이다. 사업을 위해서 아이와 함께 할 시간이 부족했으며 이로 인해 아이와 정서적 유대를 경험할 기회가 적었다. 그러나 아이가 잘 되기를 바라는 마음으로 비싼 학원을 보내고 개인 과외를 시켜줬으며, 다양한 교육 프로그램에 돈을 아끼지 않고 투자하였다. 아이가 어렸을 때는 비교적 쉬웠다. 그러나 사춘기가 되면서 아이가 학원을 빠지고 친구들과 어울리자 매를 들 수밖에 없었다. 너를 위해 이렇게 힘들게 고생하는데 너는 왜 이렇게 사냐?고 아이는 가출을 반복하면서 자랐고 이제 매를 드는 엄마의 팔을 잡거나 엄마를 밀친다. 어머니는 아이의 폭력을 감당하지 못하고 결국 정신과 병원에 보낸다. 아이는 이제 자살 기도를 반복한다.

이 예가 극단적인 소수의 경우에 해당하지만 이야기 속 주인공들은 실존하며, 사실 많은 부모-자녀 관계가 이런 극단적인 관계로 악화될 경계선에 놓여있다고 볼 수 있다. 위의 사례를 보면서 여러분은 무슨 생각이 드는가? 등 따시고 배부른 철없는 아이가 보이는가? 아이의 마음을 전혀 모르는 무지한 어머니가 보이는가?

많은 어른들이 모르고 있는 사실은 아이의 입장에서 보면 어른들이 하는 이야기는 논리 자체가 성립되지 않는다는 것이다. 어른들은 아이를 위해서 자신이 얼마나 고생을 하며, 아이를 위해서 많은 일들을 한다고 말하지만, 자아가 성장하는 청소년기 아이의 입장에서 보면, 자신을 위해 고생해달라고 한 적도 없으며, 나를 위한 것이 아니라 사실은 엄마가 자기 좋으라고 한 일을 왜 자기 때문이라고 하는지 억울할 뿐이다. 더 나아가 자신의 현재가 뜻대로 되지 않고 불행하다고 생각하는 아이라면 자신의 출생 자체가 원망스럽고 자신의 의지와는 상관없이 이루어지는 모든 것들, 특히 이 모든 일의 출발이라고 생각되는 나를 왜 나았는지 묻고 싶을 뿐이다. 세상 경험이 부족한 아이로서는 지금의 이 모든 불행을 엄마가 만든 일인데 왜 자신 때문이라고 하는지, 내가 정신만 차리면 모든 일이 해결된다는 엄마의 말이 절대 용서되지 않을 것이다.

사실 어머니가 몰라서 그렇지 아이는 이런 극단적 행동을 하기 전에 자신의 마음을 여러 방법으로 표현하거나 전달하려고 노력했을 것이다. 하지만 무지해서든, 관심이 없어서든, 그럴 여력이 없었던 어머니는 그 마음을 제대로 이해하려는 노력은 하지 않고, 자신이 좋다고 생각하는 일을 너만 잘하면 된다는 죄의식을 심어주며 아이의 생각과 관계없이 밀어붙였다. 아이는 콩밥이 싫은데, 콩이 좋다고 콩밥만 주는 어머니의 마음을 사랑이라고 해석할지 소통이 안 되는 자기중심적 마음이라고 해석할지 그것은 어머니가 아니라 콩밥을 주는 어머니를 바라보는 아이의 마음이 결정했던 것이다.

그런데 대개 대화를 주도하는 사람들이 화를 내는 이유는 자신이 가해자 역할을 하도록 상대가 만든다고 생각하기 때문이다. 사춘기의 열혈청년이 말 한마디 사용하지 않고 교장선생님의 뒷목을 잡게 하고, 공부 좀 하라는 말에 방문을 닫는 자식의 태도에, 휴대폰에서 눈조차 떼지 않는 남편의 태도에, 고개를 숙이고 바닥만 바라보는 아내의 침묵에 숨이 막히는 것은, 열혈청년도, 방문을 닫은 자식도, 대답을 한 남편도, 침묵한 아내도 자신은 어떤 말도 하지 않았기 때문에 아무 잘못이 없는 피해자가 되고 이 대화를 주도하는 사람은 가해자가 되도록 만들 수 있다는 것이다. 도통 헤아릴 길 없는 마음을 보는 능력은 이미 소멸되었고, 옳다고 믿었던 가치들은 하루가 다르게 변해서 이제 쓸모없는 라떼가 되었다. 이런 현실에서 불통이 아닌 소통을 원한다면, 자신이 옳다는 마음을 빨리 버려야 한다. 해주고 싶은 말이 넘쳐흘러도 그것은 나에게 필요한 보석이지 상대가 필요한 보석이 아니다.

어느 날, 특별한 이유 없이 손끝이 무감각해져서 병원에 갔다. 어떤 이유로 손끝이 무감각해지는 알고 싶은 나에게 온갖 첨단 장비를 갖춘 병원의 의사는 '원인불명의 말초신경 장애'라고 말한다. 이 진단이 그럴듯한 무언가를 말해주고 있는 것처럼 들리지만, 실상은 아무것도 알아낸 게 없다는 것을 의학적 용어로 말하고 있는 것뿐이다. 손끝을 '말초 신경'으로, 통증을 '장애'로, 왜 그런지 모른다는 것을 '원인불명'이라는 단어로 바꿔 듣기 위해 나는 시간과 비용을 지불한 셈이다.

안타깝게도 우리의 과학과 기술이 모든 미지의 세계를 해석할 것처럼 굴지만 우리는 인간의 마음이 뇌에 있는지 심장에 있는지 어디에 존재하는지조차 알 수 없는 무지의 세계에 있다. 우리의 학문이 수천 년간의 구비 전승되고 기록으로 축적되어 현대의 첨단 기술 장비가 우리 눈에 보이지 않는 박테리아까지 해명하지만, 우리는 이미 존재하는 실체들의 일부를 알게 되는 일 외에는 그다지 아는 게 없다. 특히 인간을 다루는 학문일수록 가능성을 기반으로 한 추론만 있을 뿐 당신이 알고자 하는 진실은 영원히 알 수가 없을 수 있다.

그러니 자신을 무지하다고 너무 괴롭히지 말고, 모르는 것은 솔직하게 물어라. 소통은 상대의 요구를 들어주는 것이 아니라, 나의 생각과 다른 상대의 생각을 알아가는 것이다. 물론 같은 생각을 가지면 좋겠지만, 처음부터 다른 것을 어떻게 하겠는가? "다른 것은 나쁜 것이 아니다." 이 말을 뇌에 새겨라. 그리고 상대의 생각을 오류없이 제대로 이해하기 위해서 모르면 솔직하게 묻고 상대의 말을 들어라. 더 많이 말하지 말고, 더 많이 들어라. 들어주는 것이 소통이다.

자신에게 질문하기

한 젊은이가 아주 진지하게 물었다

“요즘 어디를 가나 창의력이 중요하다고 하는데, 그럴려면 질문을 많이 하라고 하더군요. 그런데 어떤 걸 질문해야 하는지 모르겠어요? 도대체 질문을 잘 하려면 어떻게 해야 합니까?”

질문을 많이 하는 것이 학습에도 도움이 되고, 창의적인 생각의 원동력이 된다는 것에 의의를 제기할 사람은 없을 것이다. 그러나 전통적인 교육에서 충과 효를 최고의 덕목으로 가르쳐 온 한국의 역사적 배경에서 '질문을 잘 한다'는 것은 어려운 일이다. 내가 제안할 수 있는 하나의 방법은 일상에서 자신에게 질문하는 습관을 가지는 것이다.

아이들의 언어를 관찰하면, 타인에 의존하는 습성을 쉽게 발견하게 된다. 예를 들면, 도쿄역에서 조카가 나에게 화장실이 어디냐고 물었다. "이모, 화장실이 어디야?" 이 물음에는 '어른은 이미 답을 알고 있다'를 전제로 하고 있다. 하지만, 모두가 처음 가는 곳에 화장실이 어디 있을지는 어른, 아이 할 것 없이 찾아봐야 알 수 있는 것이다. 대개의 경우 부모는 아이의 손을 잡고 표지판을 찾아 알려준다. 그러면 아이는 부모가 자신과 같은 상황에서 노력해서 찾았다고 생각하지 않고 이미 알고 있어서 알려 주었다고 생각한다. 이제 무슨 일이 있어도 아이들은 성인에게 의존하게 된다.

일상에서 자동적으로 하는 질문들을 스스로에게 하는 질문의 형식으로 바꾸면 여러 가지 이점을 얻을 수 있다.

화장실이 어디 있어요? → 화장실이 어디 있지?

언제 도착 하나요? → 언제 도착하지?

저녁에 뭘 먹어요? → 저녁에 무얼 먹지?

질문을 받은 사람은 자신도 모르게 답을 찾는 역할을 자연스럽게 하게 된다. 위의 예시들의 오른쪽 문장들은 자신에게 질문을 던졌으니, 자신이 일단 답을 찾아야 한다. 그러기 위해서는, 우선 주위의 상황이나 사물, 표지판을 잘 볼 수밖에 없다. 이 과정에서 미처 보지 못했던 것들을 보게 될 확률이 커진다. 스스로 하게 하는 것의 가장 큰 이점은 바로 이것이다. 누군가의 뒤를 쫓아만 가거나, 시키는 대로 하는 사람들은 시야가 점점 좁아진다. 스스로 답을 구해야 하는 사람은 주변 상황을 잘 살필 수밖에 없다. 그래도 답을 구하지 못하는 경우가 종종 있다. 그때는 주변 사람들에게 묻는 것을 배우게 된다. 남에게 묻는 것이 결코 나쁘지만은 않다. 다만 빠르고 정확한 답을 얻기 전에 스스로 생각하는 과정을 충분히 가질 수 있어야 한다.

이러한 말하기가 사고를 어떻게 바꾸는지 다음의 예를 들어 알아보자.

"물 어디 있어요?"

"아 참, 스스로 생각하는 게 먼저지, 물이 어디 있을까?"

"물은 당연히 냉장고에 있겠지."

"냉장고가 어디 있을까?"

"아, 여기 있군, 근데 위가 냉장고일까? 아래가 냉장고일까?"

"아, 열어보면 되겠군."

"이 냉장고는 위가 냉장실이고, 아래가 냉동실이네. 냉동실이 왜 아래에 있지? 이게 전기세가 덜 나오나? 사람들이 냉장고를 더 많이 쓰고 냉동실을 적게 쓰니까 이 구조가 더 편리한 건가?"

물을 찾는 질문에서 시작한 스스로 질문하기는 냉장고의 구조에 대한 새로운 발견과 그 이유에 대한 궁금증을 끌어냈다. 누구의 도움 없이 스스로 물을 찾았을 뿐만 아니라 냉장고의 구조에 대한 의문점까지 발견한 것이다. 만약 물 어디 있어요?라는 질문에 내가 냉장고 문을 열어 꺼내줬다면 아이는 목마름을 빨리 해결할 뿐이지 어떤 것도 남지 않을 것이다. 그리고 다음에 또 목이 마르면, 엄마나 누군가를 찾을 것이다. 건강한 자신의 신체와 생각할 수 있는 머리는 가만히 놓아둔 채.

이렇게 자란 아이는 스스로 생각할 줄 모르는 어른이 되기 쉽다. 4차 산업혁명 시대에 창의성은 가장 중요한 변수가 될 것이라고 사람들은 유난을 떤다. 그런데 창의성의 출발은 왜?라는 질문에 대한 답을 찾는 스스로의 사고 과정에서 상상력이 작용하고, 오류를 극복하면서 저절로 생길 수 있다. 그런데도 우리는 어린 시절부터 잘하고, 올바르게 하고, 틀리지 않게 하도록 모범 답안을 준다. 목마른 아이에게 물을 주고, 화장실이 급한 아이의 손을 잡고 함께 달리는 것이 잘못되었다는 것이 아니라 아이가 충분히 혼자 할 수 있는 일들에 대해 자신만의 방법을 찾고, 오류를 수정할 기회를, 배울 기회를 너무 많이 차단하고 있는 것이 아닌가 하는 걱정을 해야 한다. 이것이 단지 아이를 키우는 부모에게만 해당하는 것은 아니다. 청소년들과 성인 역시 스스로에게 질문하지 않고 부모나 교수나 선배들에게 조건반사처럼 묻고 있는 습관을 버리지 못해 여전히 그들에게 빌붙어 사는 존재가 되는 것이 아닌지 깊이 생각해 보아야 한다.

자아를 찾는 것은 누군가에 덕을 볼 생각을 하지 않으면 저절로 생기는 것이다.

에필로그

달리기를 생각해보자. 모든 주자들은 같은 선상에서 같은 조건으로 출발해야 한다고 생각한다. 그런데 우리의 출생만큼 불공평한 것이 있을까? 국가, 성별, 지역, 시대, 가족 도대체 누가 이 모든 것을 결정하는지, 어떤 인연으로 이렇게 태어나는지 궁금하기 짝이 없다. 금수저와 흙수저의 운명은 도대체 누가 부여하는 것인가? 어쩌면 불공평한 시작을 어떻게든 보상 받으려고 내가 열심히 하면 잘 살 수 있다는 맹신을 만들고 이를 세뇌시키는 교육을 만드는 것인지도 모르겠다.

이스라엘 가자 지구에서 일어난 폭탄 테러로 태어나자마자 죽은 아기를 보며, 에이즈에 걸린 어머니로부터 같은 질병을 이어받은 신생아를 보며, 우리는 세상의 불공평함에 대해 생각하고 절대 이해할 수 없는 신의 뜻에 의심을 품는다. 이것에 대한 종교적 입장은 우리 인간의 한계를 넘어선 더 큰 차원의 해석이 있다고 말할 수 있다. 어떤 죄도 짓지 않은 아이들이 죽어가는 상황을 보면서 인간의 탐욕과 폭력으로부터 약자를 지켜야 한다는 정의를 배우고, 이로 인해 사람들이 더 나은 세상을 만들어 가고 있다고 생각하면, 인간의 한계 저편에 있는 더 큰 세계 속에서 분명 이 슬픔은 의미 있는 일이 될 수도 있을 것이다. 그러나 모든 사람은 각 개별자로 소중한 존재라는 심리학적 관점에서 본다면, 그럼 왜 나인데? 인류의 정신적 발전을 위해서 왜 하필 내가 희생되어야 하는데? 어른들의 무분별한 욕망으로 왜 하필 저 어린 아이가 고통받아야 하는데? 이 문제는 여전히 남는다.

이 화두를 명료하게 풀 수는 없지만, 이로 인해 고통 받는 사람들을 위해 비슷한 삶을 살고 있는 동료로서 해줄 수 있는 말은 우리의 삶은 지극히 공평하다는 것이다. 다만 그 시작이 아니라 그 끝이 공평하다는 것을 우리가 잊고 있는 것이다. 흙수저를 물고 태어나 평생 고난을 극복하고 살든, 금수저로 태어나 평생 금수저로 살든, 그 어느 누구도 이 세상에서는 아무것도 가져갈 수 없다는 가장 공평한 죽음을 맞는다. 설혹 생명기술의 발달로 길어진 수명을 얻게 된다고 한들, 결국에는 죽음과 함께 모든 것이 소멸되는 것을 누구나 겪어야 한다. 폭탄테러와 각종 유전적 질병은 피해갈 수 있지만 자신의 추억과 기억 외에는 어떤 것도 가져갈 수 없는 죽음은 어느 누구도 피할 수 없는 가장 공평한 인생의 선물이다. 금으로 된 관속에 누워 100일 동안 10만 명의 조문을 받는 사람도, 아무도 없는 곳에서 어떤 흔적조차 남기지 못하고 죽는 사람도, 이 세상에서는 동전 한 푼 가져갈 수 없으며 오로지 마지막 순간 지나온 당신의 삶과 조우하는 짧은 시간을 맞이할 것이다. 따라서 우리는 왜 태어났는가? 이 질문보다는 어떻게 살다 갈 것인가? 이 질문에 답을 해야만 한다. "어떻게 살았는가?" 이것이 우리에게 던져질 마지막 질문이기 때문이다. 최소한 이것을 안다면 우리의 삶은 조금 덜 억울하고 지금보다 가벼워질 수 있을 것이다. 스티브 잡스도 죽기 전에야 이를 깨달았다니, 지금 우리가 깨우친다면 그보다 나은 삶을 사는 것이 되지 않겠는가?

Steve Job's Last Word

I reached the pinnacle of success in the business world.

나는 비즈니스 세상에서 성공의 정상에 도달하였다.

In others'eyes, my life is an epitome of success.

다른 사람들의 눈에, 내 인생은 성공의 상징이다.

However, aside from work, I have little joy. In the end, wealth is only a fact of life that I am accustomed to.

그러나 일을 떠나면 내 삶에 즐거움은 많지 않다. 결국 부는 내가 익숙한 하나의 사실일 뿐이다.

At this moment, lying on the sick bed and recalling my whole life, I realize that all the recognition and wealth that I took so much pride in, have paled and become meaningless in the face of impending death.

지금, 병상에 누워 과거의 삶을 회상하는 이 순간, 나는 너무나 자랑스러워했던 사회적 인정과 부는 닥쳐올 죽음 앞에 희미해지고 의미 없어져 간다는 것을 깨닫는다.

In the darkness, I look at the green lights from the life supporting machines and hear the humming mechanical sounds, I can feel the breath of god of death drawing closer ⋯.

어둠 속에서, 나는 생명 연장 장치의 초록 불빛을 보고 윙윙거리는 기계음을 들으며 죽음의 신이 다가오는 숨결을 느낄 수 있다.

Now I know, when we have accumulated sufficient wealth to last our lifetime, we should pursue other matters that are unrelated to wealth ⋯.

이제야 나는 깨닫는다. 생활을 유지할 정도의 부를 쌓았다면, 이제 우리는 부와 무관한 것을 추구해야 한다는 것을,

Should be something that is more important:

부유함보다 더 중요한 무엇이 있다는 것을:

Perhaps relationships, perhaps art, perhaps a dream from younger days ⋯.

그것은 아마도 관계들, 예술, 젊은 날의 꿈 같은 것들.

Non-stop pursuing of wealth will only turn a person into a twisted being, just like me.

끝없이 부를 추구하는 것은 나 같이 비뚤어진 인간만을

남길 것이다.

God gave us the senses to let us feel the love in everyone's heart, not the illusions brought about by wealth.

신은 우리에게 부가 주는 환상이 아닌 만인의 사랑을 느낄 수 있는 감각을 주었다.

The wealth I have won in my life I cannot bring with me.

내 인생을 통해 얻는 나의 부를 나는 절대 가져갈 수 없다.

What I can bring is only the memories precipitated by love.

내가 가져갈 수 있는 유일한 것은 사랑을 담은 기억뿐이다.

That's the true riches which will follow you, accompany you, giving you strength and light to go on.

그 기억들이야말로 너를 따라다니고, 너와 함께하고, 너에게 지속할 힘과 빛을 주는 진정한 부유함이다.

Love can travel a thousand miles. Life has no limit. Go where you want to go. Reach the height you want to reach. It is all in your heart and in your hands.

사랑은 수천 마일을 여행할 수 있다. 생의 한계는 없다. 너가 가고 싶은 곳을 가라. 너가 원하는 높이를 성취해라. 이 모든 것이 너의 심장과 손에 달려있다.

What is the most expensive bed in the world? – "Sick bed" ….

세상에서 가장 비싼 침대는 무엇일까? – "병들어 누워있는 침대이다" ….

You can employ someone to drive the car for you, make money for you but you cannot have someone to bear the sickness for you.

너는 너를 위해 차를 운전해줄 사람을 고용할 수 있고, 돈을 벌어줄 사람을 구할 수도 있다. 하지만 너를 대신해 아파줄 사람을 구할 수는 없다.

Material things lost can be found. But there is one thing that can never be found when it is lost ? "Life".

잃어버린 물건들은 다시 찾을 수 있다. 우리가 잃어버리면 절대 찾을 수 없는 유일한 것은 "인생"이다.

When a person goes into the operating room, he will realize that there is one book that he has yet to finish reading ? "Book of Healthy Life".

우리가 수술실에 들어갈 때, 끝까지 읽지 않은 유일한 책이 있다는 것을 깨닫게 될 것이다. 그것은 바로 "건강한 삶"이라는 책이다.

Whichever stage in life we are at right now, with time, we will face the day when the curtain comes down.

우리가 현재 삶의 어느 단계에 있던, 시간이 흘러, 우리는 삶의 무대에서 커튼이 내려오는 순간을 맞이할 것이다.

Treasure Love for your family, love for your spouse, love for your friends...

가족의 사랑을 소중히 하라. 배우자를, 친구들을 사랑하라,

Treat yourself well. Cherish others.

너 자신을 소중히 하고. 타인에게 자비를 베풀어라.

참고문헌

김성일, 뇌는 어떻게 기억하는가?: 마음을 움직이는 뇌, 뇌를 움직이는 마음. (2004). 성영신 외. 해나무

로리 산토스 교수의 행복론 강의: Laurie Santos, The Science of Well-Being. Yale University. https://www.coursera.org/learn/the-science-of-well-being

마음에서 빠져나와 삶 속으로 들어가라. (2005). 문현미, 민병배 역, Hayes, S. C., & Smith, S. (2005). 서울: 학지사.

보겔의 연구: Vogel, E. A., Rose, J. P., Roberts, L. R., & Eckles, K. (2014). Social comparison, social media, and self-esteem. Psychology of Popular Media Culture, 3(4), 206.

스탠버그의 사랑의 삼각형 이론 (1986): Sternberg, R. J. (1986). A triangular theory of love. Psychological review, 93(2), 119.

오만한 제국. (2001). 하워드 진 지음. 이아정 옮김. 서울: 당대.

Solnick과 Hemenway의 하버드대학교 연봉 선택 실험: Solnick, S. J., & Hemenway, D. (1998). Is more always better?: A survey on positional concerns. Journal of Economic Behavior & Organization, 37(3), 373-383.

William Glasser. (1999) Choice Theory: A New Psychology of Personal Freedom. New York: HarperPerennial.